Candeia
DA ALMA

EDIÇÃO: VINHA DE LUZ - Serviço Editorial
Departamento Editorial da Casa de Chico Xavier de Pedro Leopoldo
Av. Álvares Cabral, 1777 | 20º andar | Sala 2006
Santo Agostinho | 30170-001 | Belo Horizonte | MG
(31) 2531-3200 | 2531-3300 | 3517-1573
www.vinhadeluz.com.br | informacoes@vinhadeluz.com.br
www.casadechicoxavier.com.br | informacoes@casadechicoxavier.com.br

COORDENAÇÃO EDITORIAL
Célia Maria de Oliveira Soares | Geraldo Lemos Neto | Waléria Machado Paschoal

CAPA
Célia Maria de Oliveira Soares

IMAGEM DA CAPA
Internet. *In*:
<<https://web.facebook.com/photo.php?fbid=819512918429235&set=pb.
100011116025135.-2207520000..&type=3&theater>>. Acesso em: 14 jun. 2019.

PROJETO GRÁFICO | DIAGRAMAÇÃO | REVISÃO TÉCNICA
Célia Maria de Oliveira Soares

1ª edição – abril 2020 | 500 exemplares

Dados Internacionais de Catalogação na Publicação (CIP)
(Câmara Brasileira do Livro, SP, Brasil)

Candeia da alma / Espíritos Diversos ;
[psicografado por] Geraldo Lemos Neto ;
organização Waléria Machado Paschoal . --
Belo Horizonte : Vinha de Luz Editora, 2020 .

ISBN 978-65-86606-00-3

1 . Doutrina espírita 2 . Espiritismo
3 . Espiritismo (Filosofia) 4 . Evangelho
5. Literatura espírita 6 . Mensagens 7 . Obras
psicografadas I. Espíritos Diversos . II . Lemos Neto ,
Geraldo . III . Paschoal , Waléria Machado .

20-34901   CDD - 133.93

Índices para catálogo sistemático :

1. Mensagens psicografadas : Espiritismo   133.93

Maria Alice Ferreira - Bibliotecária - CRB-8/7964

Candeia
DA ALMA

GERALDO LEMOS NETO

ESPÍRITOS DIVERSOS

ORGANIZAÇÃO: WALÉRIA MACHADO PASCHOAL

VINHA DE LUZ
SERVIÇO EDITORIAL

Belo Horizonte
2020

Homenagem

– 31 de março de 2020 –
151 anos da desencarnação de
ALLAN KARDEC

– 2 de abril de 2020 –
110 anos do renascimento de
CHICO XAVIER

Nair Machado Paschoal
junto ao busto de Padre Manuel da Nóbrega,
no pátio do Colégio Piratininga, onde ele fundou
a cidade de São Paulo

Dedicatória

À querida tia Nair,

Ofereço estas mensagens que devo à bondade dos instrutores espirituais, que tão pacientemente vêm suportando minhas deficiências, sob a esclarecida direção de nosso caríssimo tio Zeca, em favor da causa espírita-cristã.

E é em nome da causa que amamos tanto, nossa única segurança nos dias tormentosos de agora, que rogamos ao Nosso Senhor Jesus abençoá-la mais e mais, retribuindo ao seu coração generoso o muito de alegria que nos tem dado.

Com afetuosa gratidão,

GERALDINHO LEMOS
Belo Horizonte, 27 de agosto de 1991

Nair Machado Paschoal
nos anos 1930, em Pedro Leopoldo, MG

Adélia Machado de Figueiredo de braços dados com Chico Xavier em Pedro Leopoldo na década de 50 ao lado da irmã **Nair Machado Paschoal**. Zeca (José Flaviano) Machado e esposa Zilica Machado estão de pé, à esquerda, ao lado de D. Zilda Batista e Waldo Vieira, de Uberaba. Agachados estão o cunhado de Chico Xavier, Lindolfo Ferreira, e Arnaldo Rocha. Abaixo vemos, novamente com Chico Xavier, Adélia e **Nair Machado**, Zilda Batista, Waldo Vieira, Lindolfo Ferreira e outros amigos de Pedro Leopoldo

Cartão de Chico Xavier para **Nair Machado Paschoal**,
datado de 5 de junho de 1953

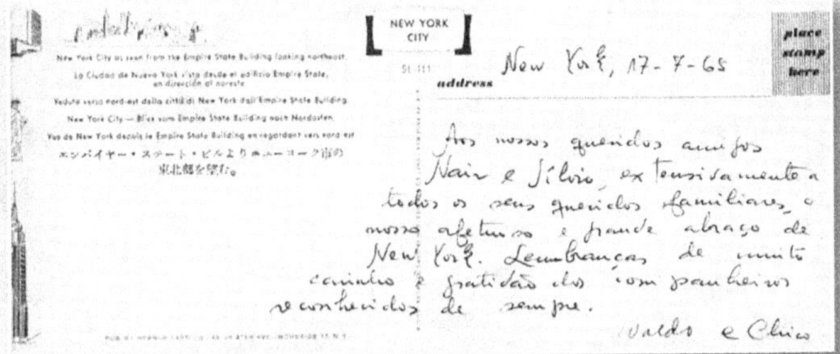

Cartão postal de Chico Xavier e Waldo Vieira para
Nair Machado Paschoal e seu marido Sylvio do Couto Paschoal,
datado de 17 de julho de 1965,
por ocasião de sua viagem aos Estados Unidos

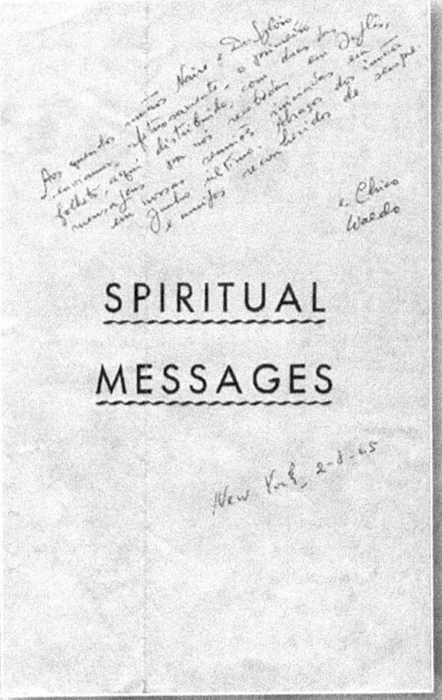

Folheto com mensagens em inglês de Chico Xavier e Waldo Vieira
para **Nair Machado Paschoal** e seu marido Sylvio, datado de
2 de agosto de 1965, por ocasião de sua viagem aos Estados Unidos

Cartão postal de Chico Xavier e Waldo Vieira para
Nair Machado Paschoal e seu marido Sylvio, datado de
28 de abril de 1966, por ocasião de sua viagem aos Estados Unidos

Cartão postal de Chico Xavier para
Nair Machado Paschoal e seu marido Sylvio, datado de
28 de maio de 1966, por ocasião de sua viagem aos Estados Unidos

Elon College, June 14, 1966

Dear Nair

For many days I h[ave ...]te send you
and our Dear Sylvio [...]
Time went [...] it. I
apologize but toda[...] here
are food. Prai[...]
[...] there,
that ti[...]
Spirit[...]

when [...]
time f[...] had
you all [...] Brazilian
brothers, i[...] assured that
with the [...] I saw myself a
heart with [...] of other hearts, in
our Brazil, [...] the book with all gratitude
and joy before Jesus, Our Lord. Then, Nair,
immediately I went back to Pedro Leopoldo with
my memory. New York was beautiful and busy
around me but I still saw again our home
of the past days... our families together... the
green trees around our small city, the narrow
river and the bridge always cool by the
cataract... and above all our childhood... I
saw again You with our dear João your brother
and I when we were going to school each morning.
I remembered your kind hands when you gave me
your snack, in order to see me more pleased
in my lessons... I was reminded of our
unforgetable Zeca, our Adélia, Pazinha, Jaime,
Carmen and Walter... Believe it, I cried very

Carta e cartão postal de Chico Xavier para
Nair Machado Paschoal e seu marido Sylvio, datado de
14 de junho de 1966, por ocasião de sua viagem aos Estados Unidos,
onde Chico Xavier havia lançado o livro em inglês
The World of the Spirit

Nair Machado Paschoal com Chico Xavier nos anos 1980

Nair Machado Paschoal e
Waléria Machado Paschoal nos anos 1980

Nair Machado Paschoal nos anos 1990

Nair Machado Paschoal e seu irmão mais novo
Walter Machado, em Belo Horizonte, Minas Gerais

Waléria Machado Paschoal

Sumário

Introdução

$\mathcal{O}$ Centro Espírita Luz, Amor e Caridade foi fundado em 1912. Desde então, até o presente, tem tido como principal mister o estudo e a divulgação da Doutrina Espírita.

Em sua longa existência, sempre pontificaram em seus quadros verdadeiros mestres da consoladora doutrina cristã explicitada por Kardec, tanto do plano dos encarnados quanto do plano espiritual. E a maioria daqueles irmãos que pontificou quando encarnados, ao voltar para a Espiritualidade, continuou a trabalhar nesta casa de "Luz, Amor e Caridade" através da mediunidade.

Assim, participaram dos trabalhos desta casa, enquanto encarnados, os irmãos Cícero Pereira, Domingos Moutinho Teixeira, Oscar Coelho dos Santos, Antônio Loreto Flores, Bady Elias Curi, Maria Cruz Miranda, José Joaquim Borges, Mizael

Alves Mendes, Elias José Sayão, Carmela Caruso Aluotto e Maria Philomena Aluotto Berutto, a D. Neném, entre outros.

Através da abençoada mediunidade psicográfica do saudoso Francisco Cândido Xavier, na ata de posse da diretoria, datada de 17 de agosto de 1939, o poeta João de Deus fez consignar este belo soneto:

Luz, Amor e Caridade

Que a luz floresça em obras de bonança
Neste templo de vida superior.
Trazendo a paz que acalma toda a dor
Nestes raios divinos da esperança!

Que em tudo aqui resplenda o grande amor
Em cujos bens o espírito descansa
Na luminosa bem-aventurança
Que conduz às vitórias do Senhor!

Luz e Amor ensinando que, em verdade,
Fora da compreensão da Caridade
Não existe nem paz nem salvação!

Senhor, que essa bendita trilogia
Seja entre nós o laço de harmonia
Que esclareça e console o coração.

Pois, muito bem, ainda hoje os nossos irmãos da Espiritualidade, muitos deles, que quando encarnados trabalharam neste Centro, continuam, através da edificante mediunidade psicográfica do nosso dedicado irmão Geraldo Lemos Neto, a enviar-nos as mais belas e profundas mensagens. E esse comportamento de caridade dos nossos irmãos espirituais nos dá o ensejo de trazer a lume, num ato de agradecimento e de amor, esta *Réstia de luz*.

BADY RAIMUNDO CURI
Presidente do Centro Espírita Luz, Amor e Caridade

---

[1] Do livro *Réstia de luz*, volume que abre a coleção das mensagens de espíritos diversos, psicografadas por Geraldo Lemos Neto durante os estudos realizados no Centro Espírita Luz, Amor e Caridade entre os anos de 1989 a 1996, editado pela Vinha de Luz Editora em 2004. Dr. Bady Raimundo Curi desencarnou em agosto de 2015.

Prefácio

ESPIRITUAL

ORAÇÃO DE FÉ

Senhor Jesus,

Mestre amoroso e compassivo,

Nestes momentos em que a vida na Terra atravessa os supremos instantes da transição, sê conosco, Senhor, sustentando-nos na fé!

Sabemos que os tempos são chegados e a renovação maior dos nossos caminhos se aproxima.

Não ignoramos também, Mestre querido, que o momento próximo exigir-nos-á o testemunho de amor diante das dores mais profundas.

Ajuda-nos, Senhor, para que nos burilemos a cada passo, confiantes de que somente a tua orientação sábia e justa nos conduzirá à paz soberana.

Amado Mestre, ousamos lembrar-te a figura excelsa quando, subindo ao Monte das Oliveiras, de espírito agoniado e triste, oraste suplicando as bênçãos do Pai celestial, no horto de Getsêmani.

Que essa passagem sublime de tua vida na Terra sirva-nos de baliza segura para o caminho a seguir. Não obstante em sofrimento extremo, apesar de verteres sangue puro na transpiração que te avassalava, não vacilaste ante a vontade soberana do Senhor da Vida, dizendo-Lhe:

"– Pai, se é Teu desejo que eu beba este cálice, faça-se a Tua vontade e não a minha!..."

Amado Jesus, lembrando-te a rendição suprema aos desígnios de Deus, nós, os espíritos endividados em lutas redentoras na face da Terra, ou na vida espiritual, queremos seguir-te o exemplo.

Faze, Senhor, nos fortaleçamos na fé com que nos descortinas as tarefas vinculadas à libertadora Doutrina Espírita!

Que nestes tempos de dores saibamos superá-las com a luz do trabalho constante em favor do bem eterno.

A "última hora" é chegada e agradecemos-te o chamamento ao serviço. Reconhecemos, porém, que a extensão da obra por realizar foge à nossa compreensão limitada. Sustenta-nos, no entanto, divino Amigo, para que não desfaleçamos!

Que os esforços ingentes que nos aguardam a todos, rumo à reforma de nossos caminhos, sejam abençoados por tua misericórdia e tua sabedoria!

E quando, enfim, faltar-nos todos os apoios transitórios do mundo saberemos que o teu coração magnânimo estará conosco, sanando-nos as dores e balsamizando-nos o coração.

ZECA | JOSÉ FLAVIANO MACHADO
Mensagem psicografada em reunião pública de 18/02/1991

Mensagens

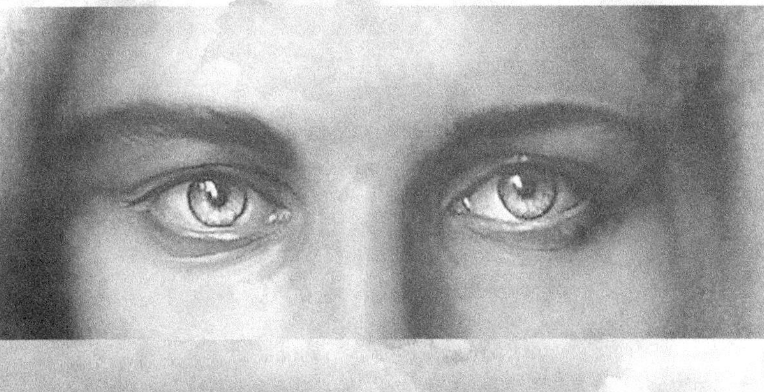

Esperarás
SERVINDO

Problemas diversos surgem a cada momento, pontilhando-nos a vida de inquietação e desânimo. A toda hora deparamo-nos com complexas situações – as chamadas situações difíceis –, testando-nos a vida por dentro do coração.

Horas de aflição...

Minutos de angústia...

Segundos de dor...

Diante dos nossos passos ainda incertos, defrontamo-nos quase sempre com:

- a barreira intelectual,
- a contrariedade familiar,
- o distúrbio obsessivo,
- a dificuldade material,
- o empecilho amoroso,
- o embaraço profissional,
- o estorvo emotivo,
- o impedimento físico,
- o obstáculo psicológico,
- e a oposição da morte.

Sempre os problemas de difícil solução.

Espíritos imperfeitos em busca de mais luz, infelizmente, situamo-nos ainda na condição da criança espiritual desejando a resolução imediata de todos os nossos assuntos problemáticos – sempre o imediatismo do agora, querendo a solução milagrosa dos emaranhados de sombra que herdamos de nosso passado delituoso.

Sim, a verdade é que todos os obstáculos que nos visitam hoje são aqueles mesmos obstáculos que interpusemos outrora nos caminhos daqueles que nos rodeavam. E hoje, no exato instante de prosseguir rumo adiante, estamos na posição precisa da restauração espiritual de nós mesmos. Por isso, então, convivemos com aqueles mesmos que antes desviamos do bem:

- o parente irascível,
- o marido insensato,
- a esposa nervosa,
- o filho rebelde,
- a filha leviana,
- o patrão cruel,
- o auxiliar irresponsável,
- o amigo triste,
- o conhecido exasperado,
- o adversário insensível.

Que fazer? – perguntamo-nos, comumente, entre desanimados e irritadiços.

A orientação evangélica, no entanto, nunca nos deixa ao desamparo, e surge-nos sempre o esclarecimento indispensável.

Somente a compreensão cristã forja no íntimo de cada um de nós os recursos do amor que nos resolve todas as situações-problema. Sim, a compreensão cristã perdoa, esquece e segue adiante, renovando a paisagem moral em torno e modificando-nos o coração. A compreensão cristã conhece as vacilações do coração humano, entende as fraquezas dos homens e perdoa os deslizes da vida, porque, invariavelmente feita de amor, é a filha dileta da esperança. E o cristão sem esperança não é cristão.

Recordemos o inolvidável apóstolo dos gentios, o grande Paulo de Tarso, quando escrevia aos cristãos de Roma, nos primórdios da era cristã: *"Porque pela esperança somos salvos. Ora, a esperança que se vê não é esperança. Por que o que alguém vê como o esperará? Mas se esperamos o que não vemos, com paciência o esperamos!"*[1]

Deixemos, amigos, o imediatismo de nossas considerações transitórias e sigamos o caminho do Cristo. O cristão deve esperar sempre, com paciência, amando e servindo, sem cessar, aos que lhe rodeiam a marcha redentora. O cristão há que esperar sempre, porque compreende o destino de luz que a todos aguarda. Ele sabe que deve esperar, porque entende a imperfeição humana. Sabe que a prova de cada dia testa-lhe a perseverança no bem, apurando-lhe a resistência moral e sensibilizando-lhe o coração. E ainda agora, na atualidade terrestre, é a mensagem do Consolador prometido por Jesus, pela Doutrina Espírita, que nos convoca à paciência, dizendo-nos: *"Sede, pois, pacientes, sede cristãos!"*[2]

ÊNIO SANTOS
Mensagem psicografada em 18/03/1991

---

[1] Romanos, 8: 24-25.
[2] *O Evangelho segundo o Espiritismo*, Cap. IX, Item 7 – A paciência.

O antídoto

Em vão a patogênese terrestre busca identificar nas células carnais do corpo que a doença impiedosa vergasta a origem dos desequilíbrios orgânicos que assolam o seio da coletividade humana. Aqui e ali despontam doenças de etiologia obscura, conturbando o caminho dos homens na face da Terra.

O sofrimento físico está presente em cada personalidade humana, imprimindo ao organismo social a reparação de seus caminhos. A patologia terrestre não tocou ainda a fonte real de todos esses males de variada expressão.

Dedicam-se as ciências médicas à ação da medicina preventiva e à movimentação nos estreitos círculos da carne, utilizando-se de fórmulas paliativas e temporárias de tratamento. Só levemente toca-se, na atualidade do mundo, a razão primordial de todos os desequilíbrios no campo físico – o espírito imortal.

A Doutrina Espírita nos esclarece que o espírito humano é fulcro eletromagnético a imprimir no ambiente em que vive as marcas vivas do seu pensar e do seu sentir. A consciência é a sede ainda intocada de todas as movimentações da vida. Repousam nela todas as fontes de construção moral da criatura.

Dínamo vigoroso, o espírito é a origem de todas as criações, presidindo a vida na face da Terra e além-túmulo.

O corpo espiritual, que a revelação do Espiritismo designou por perispírito, é o condensador dessa movimentação constante de energias no fluxo e refluxo das criações pensamentais. Sobre esse corpo sutil se condensam incessantemente o mundo sentimental de cada qual, através das baterias dos centros de força da organização espiritual. Uma complexa rede nervosa é o caminho condutor por onde transitam esses mananciais de energias coativas.

Por essa mesma razão a ciência da Terra em vão tentará estabelecer a gênese de todos os obstáculos orgânicos no corpo frágil de matéria condensada. O corpo físico é apenas um mataborrão a materializar, em última instância, os desvios profundos da alma.

Neste Universo de vibrações intermináveis, perguntamo-nos, então, que medicamento bendito existirá para o alívio dos sofredores de toda ordem? E a resposta dos Céus à Terra insubmissa é a palavra evangélica, consubstanciada na Boa Nova do Senhor. Somente a obediência e a resignação podem atuar como eficazes recursos medicamentosos na cura moral – objetivo maior de todos os nossos caminhos.

"A obediência é o consentimento da razão, e a resignação é o consentimento do coração",[1] diz a mensagem renovadora do Espiritismo.

---

[1] *O Evangelho segundo o Espiritismo*, Cap. IX, Item 8 – Obediência e resignação.

Consentir sempre, pelo pensamento e pelo coração, que a vontade soberana de Deus Criador presida todas as manifestações de nossas vidas, eis o antídoto a todos os males que assolam a paisagem terrestre. De outra forma, estaremos, invariavelmente, agregados ainda às teias escuras da sombra, engendradas pela revolta sistemática aos desígnios superiores.

Afastemos de nossa senda evolutiva a insubmissão, a tristeza, o desânimo, a mágoa, o crime, o ódio, o egoísmo, a cólera, a vaidade e a sombra, porque estes são os ingredientes tenebrosos a formarem, a passo e passo, o câncer, a tuberculose, a lepra, a esquizofrenia, a idiotia, os desequilíbrios nervosos, a AIDS, o diabetes, as pseudômonas, a hidroencefalia e as neuroses de variada expressão.

Somente a aceitação incondicional da vida em derredor, com a submissão integral à Vontade Divina, poderá nos retirar, com proveito, dos círculos viciosos do erro em que nos encontramos há séculos, em complexos mecanismos da lei de ação e reação.

Reajustemos a mente e o coração, sintonizando os seus mananciais de emissão e recepção com as estações divinas da fé, da esperança, da caridade, do estudo e do amor.

Assim procedendo, estaremos trilhando, enfim, o caminho de uma nova vida – a vida verdadeira que a todos aguarda desde o momento da Criação.

O admirável apóstolo Simão Pedro, inspirando-se na necessidade intensa de obediência maior, que ressuma da essência do Cristianismo, escreveu em sua primeira epístola aos cristãos o apelo que até hoje nos alcança: *"Tendo purificado as vossas almas pela obediência à verdade, amai-vos de coração uns aos outros ardentemente!"*[2]

Não nos iludamos, pois. Tomemos o antídoto da obediência e da resignação, e o amor nos descortinará os caminhos da vida eterna, em profusão de luz e alegria.

ERNESTO SENRA
Mensagem psicografada em 25/03/1991

---

[2] 1 Pedro, 1: 22

Oração
AO PAI

Pai nosso, que estás no céus,
– Nos céus como em toda parte
Deste mundo de mil labéus –
Divino fruto de Tu'arte,

Santificado sempre seja
O Teu nome abençoado,
Em toda e qualquer igreja,
Na chama do bem avançado.

Ao nosso coração já venha
O Teu reino de alegria.
Que noss'alma não se detenha
Nas pelejas de cada dia.

A Tua vontade seja feita
Em qualquer parte da mãe Terra,
Assim para a alma eleita
Como para aquela que erra.

O pão nosso de cada passo
Dá-nos sempre, nosso Senhor!
Fortalece-nos com o aço
Da forja de Teu grande amor.

Perdoa os desvios próprios
Da mesma e igual maneira
Que perdoamos os opróbrios
De toda e qualquer soleira.

Livra-nos também todo o mal.
Sustenta-nos no bom caminho,
No apoio espiritual
Da luz de Teu imenso carinho.

E afasta-nos da tentação.
Ampara-nos o amor entrevisto
De Teu bondoso coração
Na escola de Jesus Cristo.

JOSÉ SILVÉRIO HORTA
Mensagem psicografada em 29/03/1991[1]

---

[1] Mensagem recebida em reunião particular na residência do médium Francisco Cândido Xavier, em Uberaba, Minas Gerais.

Nefasto
INTERCAMBIO

℘ensa o homem em todas as atmosferas de vida que Deus lhe concede à luta evolutiva.

A vida reveste-se de movimentação incessante no campo do sentimento.

Pensar e sentir são atividades permanentes que dão ao ser humano uma capacidade enorme de criação. Mente e coração, quais usinas geradoras de forças vivas, alternam-se no processo de cocriação em plano menor.

Tais energias, transformadores em campos magnéticos vigorosos, vão se associando em cadeia interminável, buscando aquelas mesmas que se lhe sintonizem à onda criadora.

A lei de afinidades preside essa associação ininterrupta de pensamentos, determinando as fronteiras espirituais das famílias afins.

Esse é o intercâmbio que anima de forma poderosa todas as manifestações da vida na face da Terra, e também nos círculos espirituais que se lhe avizinham. Conscientes desse mundo de vibrações e radiações cortando todos os espaços que nos rodeiam, nós, os espíritas-cristãos, comumente nos desapercebemos da realidade espiritual que nos cerca.

Estudamos e discutimos, em nossos campos de atribuições doutrinárias, o problema do intercâmbio associativo das ideias e dos sentimentos.

Retratamos, com assiduidade, a presença inequívoca do fator mediúnico como atributo inerente ao espírito humano a desenvolver-se, paulatinamente, com as aspirações morais de cada personalidade ao longo dos séculos.

Facilmente lembramos da palavra edificante dos amigos espirituais, do livro nobre das esferas mais altas, da manifestação superior das faculdades de materialização, do apoio inestimável dos recursos magnéticos do passe, do copo simples de água pura fluidificada e da presença carinhosa dos instrutores da Vida Maior.

Raramente, contudo, em nossos círculos de estudos libertadores, lembramos de estudar as consequências desastrosas de outro tipo de intercâmbio espiritual, que infelizmente ainda impera no campo de nossa alma – o intercâmbio com as sombras.

Saibamos identificar-lhes a aproximação indesejável e mantenhamo-nos alerta.

Passo a passo, somos defrontados com a presença, em nós mesmos, do desequilíbrio emocional injustificável e, inadvertidamente, agasalhamos-lhe a chegada, associando-nos a todos que se paralisam na irresponsabilidade e na viciação.

Intensamente convivemos, então, com a companhia espiritual que a nossa própria irreflexão convida para a comunhão do ambiente espiritual de nossa casa íntima.

É assim que nos comprazemos com a explosão da cólera, arremessando em torno a desarmonia, que transparece, pois, das profundezas lodosas dos delitos mais torpes.

Viciação, desgaste moral, amargura, tensão psicológica, raiva, depressão mental, querelas sem fim, queixumes, tristezas, inércia são apenas as consequências desse intercâmbio infeliz, que mui constantemente nos domina a vida no repasto com as trevas.

Estudemos, pois, o assunto.

Alertemo-nos mutuamente.

Acautelemo-nos, portanto, com a tarefa inadiável de perseverar na luta interior, com o fim de renovar os nossos caminhos na direção do serviço a que todos somos chamados sob o patrocínio de Jesus, nosso Senhor!

Ouçamos a advertência do luminoso apóstolo Paulo de Tarso, inserida em sua carta aos habitantes de Ephesus: *"Longe de vós toda amargura, a cólera, a ira, e gritaria e blasfêmias, e bem assim toda a malícia!"*[1]

Somente apartando de nosso convívio espiritual a intemperança, filha do orgulho e do egoísmo, é que estaremos aptos a prosseguir no roteiro

---

[1] Efésios, 4: 31

de libertação que nos foi traçado desde o princípio
pelo Pai amoroso, que pacientemente nos aguarda
a presença em Sua excelsa senda de amor e luz.

ESMERALDA BITTENCOURT
Mensagem psicografada em 08/04/1991

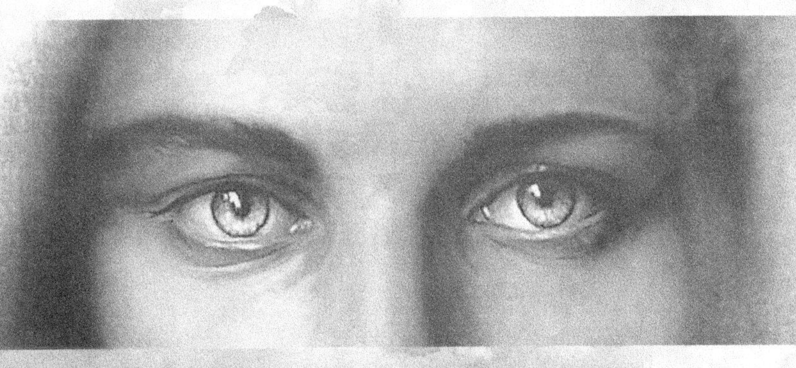

Página
DO PERDÃO

Dona Maria da Glória é distinta irmã, de caráter reto e nobre, que habita pacata cidade do interior do sudeste brasileiro.

Viúva, a digníssima irmã sempre atravessou os perigos da vida com o coração inundado de fé.

Após lutas ingentes nas tarefas do lar e no sustento do pão de cada dia, faz-se honesta comerciante, atendendo à pequena cidade com sua dedicação ao trabalho e sua fidelidade em servi-la. Constrói o reduto do lar em pavimento superior, contíguo à própria loja. Lá residem em paz Dona Maria da Glória e seus dois filhos, Marcelo e Flávio, ainda jovens.

Certa noite, contudo, algo de inesperado acontece. Altas horas da madrugada vê-se ligeiríssima sombra escorregando-se pela marquise da referida habitação. De atos ligeiros e estudados, um malfeitor comum espreita-lhe a casa. Posta-se diante de ampla janela convidativamente escancarada à brisa noturna. É o quarto de dormir onde repousam Marcelo e Flávio.

Agilidade e presteza. Num átimo, tudo em torno se conturba. Algo que estava sobre o criado-mudo despenca no chão com grande alarde. Os jovens acordam assustadiços.

Confusão, gritaria...

Espanto na face do agressor.

Medo terrível.

Irreflexão...

Dois tiros apressados...

Paisagem de dor!

Choro e morte.

Marcelo é ferido mortalmente e desencarna antes de sua chegada ao hospital mais próximo.

O criminoso foge com pressa, entre tonto e medroso. A corrida desenfreada é curta. Seguram-lhe logo.

Prisão.

Cadeia.

Discussões acaloradas.

A pacata cidade se transforma.

Revolta.

Impropérios.

Desilusão.

Uma semana se passa em sombra angustiosa e expectante.

Opiniões contraditórias, aproximando pacatos cidadãos dos bárbaros mais cruéis.

A amizade organiza concorrido ato religioso da fé católica apostólica romana.

A missa transcorre em clima de dor. A pregação do sacerdote abomina a violência.

Dona Maria da Glória, até então, não havia se manifestado ainda. Calada, chorava com a mesma fé silenciosa que lhe conhecemos.

Diante da igreja, apinhada de gente, corta educadamente a palavra do prelado. Solicita-lhe alguns instantes. Tem um pedido a fazer.

Todos, ansiosos, aguardam-lhe a revolta do coração maternal.

Em nome de Jesus, contudo, Dona Maria

da Glória solicita, humilde, o obséquio de uma oração a favor do agressor. Sente que seu filho Marcelo estava amparado pela bondade de Deus, enquanto Flávio de recuperava francamente dos ferimentos sofridos. Ela, no entanto, teme pela alma do agressor.

Surpresa geral.

Exclamações!

Muitos se retiram do recinto de corações indignados.

Não lhe compreendem o desprendimento.

Críticas surgem.

Sarcasmos injustificáveis saem da mesma boca do populacho que se propunha a confortar-lhe o coração sofrido.

Dona Maria da Glória nada teme e segue adiante no propósito de honrar a própria consciência cristã.

Repete-se o quadro.

Novo serviço religioso.

Mesmo pedido de oração pelo agressor.

Ante a vacilação do sacerdote, ela mesma eleva sua firme voz e dedica seu coração à paz do criminoso, que ela chama de filho.

Novas surpresas!...

Indignação do povo.

Ela, contudo, segue firme.

Busca conhecer o paradeiro do agressor.

Conhece-lhe o martírio do cárcere.

Acompanha-lhe o julgamento.

Mensalmente, a partir de então, visita-lhe nas grades da penitenciária estadual, enfrentando longa e penosa viagem.

Leva-lhe a palavra de mãe, e, em nome de Deus, oferece-lhe o Evangelho de Jesus.

O infeliz, a princípio, não aceita-lhe a presença. Envergonha-se. Foge de sua benfeitora.

O tempo, contudo, associa-se à perseverança de Dona Maria da Glória e hoje vêmo-los mensalmente unidos pelo coração, qual se, literalmente, fossem mãe e filho, tratando dos assuntos mais profundos da alma.

Não nos surpreendamos com o digno exemplo de nossa irmã Dona Maria da Glória!

É que a valorosa irmã foi cristã o suficiente para grafar nas páginas de sua história na face da Terra o mais sublime poema de amor que qualquer de nós outros poderá um dia escrever – o poema do amor na página do perdão!

IRMÃO SILVINO
Mensagem psicografada em 29/04/1991

O caminho

SOBREMODO EXCELENTE

$\mathcal{V}$oltarás a envergar a veste do corpo físico pelas bênçãos da reencarnação na face da Terra, mas se não perdoares os constrangimentos da infância, não crescerás.

Receberás por benfeitores os pais que a bondade de Deus colocar na base de formação de tua família, mas se não perdoares a autoridade honrosa de teus genitores, converter-te-ás em pomo de discórdia dentro da própria esfera familiar.

Educarte-ás sob a disciplina da escola, mas se não perdoares os rigores dos mestres que te iluminem o roteiro com a luzes da cultura, não sairás dos estreitos círculos da ignorância nos rudimentos do abecedário.

Cultivarás o solo da terra generosa, mas se não perdoares os calos que a rudeza da enxada te produza nas mãos exaustas, nada plantarás em benefício da multiplicação dos pães.

Garimparás as trilhas do mundo em busca da pedra rara de grande valor, mas se não perdoares poeira e lama a se interporem em teu caminho, nada acharás.

Modificarás a estruturação dos materiais em benefício da civilização, mas se não perdoares as marteladas ruidosas e o concurso cortante das serras, nada fabricarás.

Criarás sob a tua vigilância animais de precioso valor para o sustento das coletividades, mas se não perdoares estrumes e coices, bicadas e penas que te amolem o cotidiano, não te farás útil aos que te rodeiem a marcha.

Advogarás a causa da justiça, garantindo aos menos afortunados o acesso à cidadania, mas se não perdoares os entraves do protocolo e do costume, no respeito e na consideração que se espere de tua conduta, retardarás o estado de direito a que almejas.

Medicarás corpos doentes e exânimes na sustentação da saúde pública, mas se não perdoares a presença mórbida de vermes e bacilos, vírus e bactérias, a ninguém curarás.

Construirás pontes e prédios, edificações e estradas, facilitando o abrigo, o transporte e a comunicação entre os homens, mas se não perdoares pedra e cal, areia e asfalto na agitação paciente do trabalho, nada construirás.

Tocarás as melodias mais sublimes, manejando instrumentos e talentos em favor da sensibilidade humana, mas se não perdoares a ladainha das repetições em cursos e ensaios, não transmitirás a harmonia que te empolgue o espírito.

Retratarás imagens e cores, textos e poemas de rara beleza, mas se não perdoares tintas e pincéis, buris e moldes, poeira e mofo ao teu redor, nada farás.

Regozijar-te-ás com a verdade, no campo da religião, mas se não perdoares as fraquezas humanas e as necessidades do povo, não consolarás a ninguém.

Formarás o teu ninho doméstico na companhia que te favoreça a construção do lar, mas se não perdoares azedumes e irritações, queixas e lágrimas, não sairás dos estreitos círculos de sombra que obscureçam o horizonte moral da face da Terra.

Terás filhos, multiplicando as necessidades de evolução de teu círculo espiritual, mas se não perdoares deslizes e erros, derrotas e defecções de teus filhos no mundo, jamais apreenderás o verdadeiro sentido do amor.

Viverás, enfim, de múltiplas maneiras, com as bênçãos que te favoreçam o caminho evolutivo, mas se não tiveres perdão no âmago do ser, nada serás. Isso porque o perdão é a linguagem imaterial que expressa, em síntese, a presença do amor universal em nossas vidas. E o amor tudo sofre, tudo crê, tudo espera e tudo suporta, sendo, assim, e sobretudo, o caminho excelente.

ANTÔNIO LIMA
Mensagem psicografada em 20/05/1991

Apelo

$\mathscr{A}$migo da Terra, tenho buscado a tua companhia, frequentemente.

Entristeço-me, no entanto, ao observar-te, assim, tão arredio à minha presença. Em quantos momentos tens me rechaçado de teu convívio?

Vezes sem conta tenho registrado que a minha influência em tua vida torna-se vã. Acompanho-te, contudo, perseverante.

Quero ganhar tua simpatia, fazendo-me presente em seus instantes de vida no mundo. Quero ser a tua companheira infatigável, comungando contigo as lutas e as dores, as alegrias e as vitórias de tua passagem na Terra.

Sou eu quem te segue, velando os teus passos para que te sintas mais seguro na caminhada.

Faço-me presente junto aos teus olhos quando, inadvertidamente, visualizas os defeitos dos que te comungam a marcha, e modifico-te, então, o ângulo de visão, mostrando-te as conquistas abençoadas que os teus companheiros na vida já adquiriram.

Quando escutas, em animado círculo de conversação, as referências ruidosas de males e desequilíbrios, lutas e crimes alheios, sou eu quem te tapa os ouvidos à entrada das referências venenosas, preservando-te o campo íntimo da contaminação indesejável.

Quando, irreverente, te colocas na posição desairosa da crítica inveterada e ferina, sou eu quem te sugere a bênção do silêncio, preservando-te a boca para que ela não se transforme em destilaria de fel.

Quando a indignação te avassala o mundo interior, acendendo a explosão da cólera na direção dos que, porventura, te ferem a alma, sou eu quem te pede calma, indicando-te ao coração as razões das chagas abertas n'alma daqueles que te perturbam o roteiro.

Nas atividades cotidianas com que te investes de recursos de progresso e aprimoramento, sou eu quem te pede tolerância para com as dificuldades dos que se interpõem em tua estrada, desequilibrados e tristes.

Estou sempre contigo, buscando-te o coração... Falando-te à alma... Apelando-te ao espírito...

Nem sempre, contudo, me tens registrado as sugestões, entregando-te, infelizmente, à maledicência, à calúnia, à crítica corrosiva, à observação aviltante, à intemperança mental, ao revide e à vingança.

Amigo da Terra, não te apartes de minha companhia, porque sou eu quem, diante do espinheiral do mundo, te mostra a perfumante beleza das rosas. E perante a escuridão imensa da noite moral da Terra sou eu quem te mostra o esplendor ilimitado das estrelas.

Recebe-me, assim, em tua companhia, definitivamente, e sê feliz!

Perguntas quem sou?

Queres saber o meu nome?

Chamo-me, apenas, *Indulgência*.

PAULINA KEMPER
Mensagem psicografada em 27/05/1991

Couraça

*"Sabe, porém, isto: que nos últimos
dias sobrevirão tempos difíceis,
pois os homens serão egoístas." –* **Paulo**[1]

    Repara, amigo, a presença de um simples grão de semente no mundo. As variadas formas por que se manifesta trazem à nossa observação a constituição de potente carapaça, envolvendo-o por completo.

    Por trás desse invólucro rígido, temos a força de generoso embrião de vida. O gérmen de mais uma manifestação gloriosa da vida triunfante se encerra como plano inadiável no tegumento da casca. Tudo em perfeita harmonia com a leis celestes, aguardando o desabrochar dessa semente – esperança da Criação.

    O planejamento original de seu cerne aspira ao esforço supremo de superar-se.

---

[1] 2 Timóteo, 3: 1-2.

Almeja à ruptura da carapaça asfixiante.

Busca a comunhão com os recursos nutrientes do solo para crescer.

Procura a bênção da luz solar para espraiar-se em calor e vida.

Quer vencer os impedimentos do solo para respirar uma nova atmosfera, em aroma e perfume.

O embrião de uma simples semente guarda em si a realização da árvore robusta, doando-se à vida em multiplicação de flores e frutos.

Mas sabemos existir sementes e sementes. Sementes que vencem a carapaça da casca, buscando água e solo, luz e calor, para expressar a própria beleza em harmonia com a Criação divina.

E, infelizmente, aquelas outras sementes...

Sementes que se comprazem em permanecer na escuridão do solo.

Sementes que se afundam em charco de lodo e lama.

Sementes que secam, aniquilando o gérmen da vida na aridez causticante.

Essas outras sementes se recusam a romper a própria carapaça, desprezando a eclosão sublime do divino projeto a lhes envolver o embrião de vida.

Assim também nós, os homens na vida terrestre. A maioria de nós outros permanece na posição dessas outras sementes.

Vestimos a couraça do egoísmo e negamos a nós mesmos a comunhão com a estuante beleza da vida em torno de nossos passos.

Fechando-nos em nós mesmos preferimos o convívio com as trevas da ignorância, com o charco dos enganos, com o fogo das consciências desviadas do sublime propósito de viver e amar para o qual fomos criados.

Vençamos, então, essa couraça a nos envolver provisoriamente os corações e os raciocínios.

Saiamos em busca da luz para que a Luz Maior nos transforme as possibilidades germinantes em robusta árvore, plena da vida!

Floresçamos para a beleza em torno!

Cresçamos espiritualmente, buscando, na terra prometida do Evangelho de Jesus, entranhar nossas próprias raízes para que essa mesma terra nos sustente, enfim, o crescimento, no objetivo maior da frutificação a cem por um!

MARIA DEL PILAR
Mensagem psicografada em 29/07/1991

Nuvem
DE TESTEMUNHAS

A vida na Terra não é mais que estreito círculo de expressão de nossas consciências.

O corpo físico não é mais que um instrumento que a magnanimidade do Pai nos oferece para o aperfeiçoamento necessário. Através dele, a alma evolve, dispondo de seu campo sensório, especificamente limitado, tendo em vista o acrisolamento em pauta.

A bênção da reencarnação na face da Terra recebe os candidatos ao progresso moral com o recurso imprescindível do esquecimento do passado – almas preponderantemente imperfeitas, procedentes da romagem dos séculos, tornadas ao berço terrestre querendo esquecer...

Esquecer os delitos de outrora...

Olvidar desequilíbrios de outras eras...

Apagar os erros de ontem...

Refazer caminhos dantes percorridos...

Saudar compromissos não honrados de vidas anteriores...

Com a bênção do esquecimento, voltamos à arena de lutas redentoras sem o incômodo de identificar nossos muitos credores.

Tal bênção nos favorece as possibilidades de decisão nova na renovação de nossos roteiros de evolução. Razoável considerarmos, então, que se o esquecimento nos favorece provisoriamente as predisposições interiores, não podemos nos esquecer que os comparsas de nossos destinos aí estão, rodeando-nos a estrada.

Não ignoramos que a base de manifestação de nossa personalidade reside sempre na força mental que nos é própria, a exteriorizar-se incessantemente pelos pensamentos que cultivamos e pelos sentimentos que mantemos na intimidade de nós mesmos.

Neste mundo de vibrações em que situamos a existência, associar-nos-emos sempre com os companheiros encarnados e desencarnados com os quais venhamos a sintonizar a própria alma pelas leis automáticas da afinidade natural. E se nos encontramos na posição de devedores que recalcitram no erro, agravando a própria dívida, natural será que os credores nos acompanhem. Isso porque é da lei divina a união de devedores e credores para o reajuste indispensável.

Presentemente, observamos que a humanidade terrestre, neste crepúsculo de civilização, a cada dia volta mais e mais suas antenas psíquicas para a comunhão com as esferas espirituais que lhe são imediatas. Assistimos, assim, a perigoso conluio de forças perturbadas, que se alimentam, plano a plano, na extensão das desarmonias morais que caracterizam estes tempos tormentosos de transição.

Relembremos que ao contato imediato com a crosta terrestre temos a extensão de vastos círculos espirituais de revolta e dor, desequilíbrio e ignorância, a constituírem-se de numerosas agremiações de entidades infelizes, externando a própria desarmonia e nela se exaurindo – tudo isso em comunhão vibracional com os habitantes da crosta.

Essa atmosfera mais densa, a traduzir a imperfeição espiritual que nos é característica, atinge a espessura de 50 quilômetros, envolvendo-nos o campo planetário por inteiro. E para além dessa faixa mais densa a vida ainda estua em planos diversos por outros 950 quilômetros na atmosfera terrestre, até encontrarmos os planos da Vida Superior – objetivo de nossa caminhada, esperança de nossos dias!

Cabe-nos, pois, somente a nós mesmos, na condição de seres humanos aptos a reformar a própria vontade, a decisão importante da escolha das próprias companhias espirituais.

Se recalcitrantes no mal, intensificamos os laços que nos prendem os corações aos comparsas de outrora, inimigos de nossa paz e progresso.

Se perseverantes no bem, quebramos os elos dos delitos passados, libertando nosso coração a caminho de mais luz na ascensão para o Mais Alto, à custa de renovação, esforço, renúncia e devotamento ao serviço de Jesus.

Lembremo-nos de que o grande convertido de Damasco, a esse respeito, deixou consignada em sua carta aos hebreus a sublime exortação, que nos adverte, sem rodeios: *"Também nós, visto que temos a rodear-nos tão grande nuvem de testemunhas, desembaraçando-nos de todo peso, e da tentação que tenazmente nos assedia, corramos com perseverança a carreira do bem!"*[1]

EFIGÊNIO SALLES VÍTOR
Mensagem psicografada em 02/09/1991

---

[1] Hebreus, 12: 1. Estudo da noite: *O Evangelho segundo o Espiritismo*, Cap. XII, itens 5 e 6.

Era
DO ESPÍRITO

Caros irmãos,

Que a paz de Jesus, nosso Senhor, seja o nosso sustentáculo na fé!

Continuando os estudos acerca da manifestação de nossa consciência na face da Terra, lembremo-nos de que a vida atual, no presente estágio evolutivo, caminha a passos largos na direção da era do espírito.

Não ignoramos nós, em Doutrina Espírita, que a humanidade progride, assim como o ser humano progride, buscando a comunhão com a divindade celeste – nosso Pai Criador. E dentro desse roteiro de ascensão nos direcionamos, agora, à religião cósmica do amor e da sabedoria encarnada em nosso Mestre e Senhor Jesus – encarnação essa que a Doutrina Espírita tão bem esmiúça, complementa, explica e esclarece.

Não obstante a caminhada ocorrer, impreterivelmente, a despeito das convenções, vaidades e obstáculos humanos, observamos que os próprios cientistas convertem-se, a pouco e pouco, em sacerdotes do espírito, mesmo sem o intentarem. Isso porque a busca incessante do conhecimento desvenda a realidade que envolve a criatura humana – realidade que se manifesta na expressão da consciência, utilizando-se da matéria densa como fulcro energético eletromagnético de forças sutis, através do corpo físico ou do corpo da vida espiritual, como recursos inapreciáveis para a aquisição de experiência.

Se já sabemos que a personalidade humana nada mais traz à vida em seu derredor que a própria consciência, que a própria manifestação pensamental, cuidemos, então, de anotar, a cada passo, as nossas disposições interiores.

Se já sabemos que a mente é a base através da qual a alma humana se liga à matéria mais densa, no quadro do campo sensório que lhe é próprio para a aquisição de novos valores, e se já compreendemos que o pensamento e o sentimento são forças que criam, renovam, transformam e agilizam esses mesmos valores na direção de Mais Alto, estejamos nós convencidos, então, que é preciso, que é imperativo que nos disponhamos ao governo dessas forças, ao governo de nossa manifestação própria.

Cuidemos do que pensamos e do que sentimos, porque através desse exercício paciente, meticuloso, devotado de controle de si mesmo, o espírito caminha para mais adiante.

Não ignoramos que na manifestação de nossa própria consciência nos associamos, a cada passo, na onda mental que nos é própria, com aqueles que comungam o mesmo pensar e o mesmo sentir.

O mundo nada mais é, então, que a associação quase interminável de espíritos dentro das mesmas afinidades e sintonia que lhes são peculiares. E essas associações progridem, evolvem em direção de mais luz, de mais esclarecimento.

Lembremo-nos de que a vida na Terra se reveste, em sua manifestação, de duas importantes etapas: a etapa da vigília corpórea e a etapa da hipnose do sono físico.

Razoável, portanto, lembrarmo-nos de que, a cada instante, tudo o que o nosso espírito pensa e sente, age e fala, na expressão da vida física, encontra, a pouco e pouco, as mesmas sintonias, as mesmas companhias nesse processo de comunhão. Assim sendo, infelizmente, nunca é demais registrarmos que os desajustes, as tristezas, o desânimo, a sovinice, a astúcia, o crime, a intemperança e a cólera, o egoísmo, a vaidade e o orgulho são forças vivas a trazerem para as nossas almas complexos desequilíbrios morais, associando-nos à corrente de dor, corrente enfermiça que nos arrasta o passo evolutivo.

Lembremo-nos, assim, mais uma vez, de governar o que pensamos e de controlar o que sentimos, porque, caso contrário, estaremos, sem dúvida alguma, nos entregando à hipnose da obsessão oculta, a arrojar-nos os espíritos imprevidentes às companhias tenebrosas, interessadas em nossa desarmonia, associando-nos em tristes conluios com as inteligências desencarnadas provisoriamente afastadas do dever de progredir. E, assim, nos entregaremos, sem mais controle, à preponderância das inteligências infelizes, contribuindo para o desequilíbrio de nós mesmos.

Amigos, sempre oportuno lembrarmo-nos de que nosso Mestre e Senhor Jesus, orientando-nos os passos, iluminando-nos o pensamento e sustentando-nos o coração, já nos alertava, em duas oportunidades outras: *"Vigiai e orai para não cairdes em tentação"*,[1] porque, *"A cada um é dado segundo as próprias obras"*.[2]

Que Jesus, nosso Senhor, nos ampare e sustente hoje e sempre!

EFIGÊNIO SALLES VÍTOR
Mensagem psicofonada em reunião no
Grupo Espírita Efigênio Salles Vítor em 04/09/1991

---

[1] Mateus, 26: 41. [2] Mateus,16: 27.

Amado
SENHOR JESUS

*M*estre de amor e bondade,

Eis-nos novamente reunidos em teu santo nome! Novo ano inaugurando renovado ciclo de serviços a que somos todos chamados por tua misericórdia.

Encarcerados nas aflições, Senhor, somos os que te imploram a libertação de nosso sentimento das grades do egoísmo degradante.

Doentes da alma, somos os que buscam o alívio de tua bênção para os nossos pensamentos desviados e enfermiços.

Aprendizes rebeldes na escola da vida, somos ainda aqueles que te solicitam o apoio da disciplina e do estudo a nos reajustarem o próprio caminho.

Amado Jesus, Senhor compassivo e amoroso, sustenta-nos a fé! Acrescenta-nos o amor e conduze-nos à caridade para que o nosso convívio contigo, no serviço espiritual desinteressado em favor dos pequeninos do mundo, nos modifique, enfim, a imperfeição, fortalecendo o nosso espírito na dignidade de viver servindo-te, amando e aprendendo sem cessar.

ZECA | JOSÉ FLAVIANO MACHADO
Mensagem psicografada em 10/02/1992

Na conta
DA GRATIDÃO

Sofres a desilusão e lastima-te compungidamente... Choras a ingratidão dos que mais amas...

Antes, contudo, que o rebenque magnético da queixa estoure a tempestade das lágrimas represadas em teu coração, desanuvia o próprio horizonte mental! Analisa, com isenção, os teus passos nos últimos tempos!

Mãos caridosas te acolheram o espírito conturbado, no plano espiritual, atendendo-te o anseio por mais luz!...

Benfeitores anônimos apiedaram-se de tua condição infeliz, conduzindo-te a pousos de refazimento e reconforto da vida espiritual!...

Enfermeiros abnegados pensaram-te as chagas desconhecidas para que a saúde te fortalecesse o ideal de prosseguir à frente!...

Generosos instrutores da Vida Maior guiaram-te o raciocínio inquieto à compreensão da vida, e a luz do entendimento te impulsionou a almejar vida nova pelas bênçãos da reencarnação.

Iluminados mentores de tua estrada estimularam-te a renovação interior, enchendo-te o coração de coragem e esperança!...

Guias tutelares planejaram-te nova existência, com cuidado e atenção inexprimíveis, e dispuseste de minucioso roteiro de ascensão pelas provas do mundo!...

Renasceste na face da Terra com disposição renovada, recebendo novo corpo físico no seio de tua família, desfrutando do desvelado carinho de tua mãe e a orientação constante de teu pai desde os primeiros vagidos do berço até a juventude!...

Dedicados professores prepararam-te a mente infantil para a bênção da instrução desde os rudimentos do abecedário à cátedra universitária!...

Solícitos amigos aceitaram-te o concurso no trabalho, inaugurando-te a trajetória profissional nos caminhos do mundo!...

E muitos outros companheiros, ainda, te cercaram a existência de favores incontáveis – familiares e amigos que te ofertaram estímulo e alegria, compreensão e amor, em múltiplas ocasiões singelas, das quais, não raro, não te recordas mais!...

A grande maioria desses benfeitores de tua estrada continuam amparando-te os passos, sem que, nem de leve, te lembres de seus cuidados e atenções. Muitos permanecem anônimos para o teu coração.

De outros tantos, não te recordas nem o nome! E sendo assim, antes que a angústia te induza à tristeza pela ingratidão de alguém, recorda tua própria conta de gratidão!

Aplica, então, em tua vida, a regra áurea de Jesus e disponha-te a exigir dos outros somente aquilo que gostarias que os outros exigissem de ti. Somente assim procedendo é que te surpreenderás equilibrando, entre os débitos e os créditos, tua conta de gratidão perante a vida.

IRMÃO VICTOR
Mensagem psicografada em 04/02/1992

A sublime

VISTA

$\mathcal{P}$equeninos existem por toda parte. Muitos deles batem às portas todos os dias, sem que nos detenhamos com o seu sofrimento.

É o faminto que nos pede o pão.

O sedento que anseia por um copo d'água.

O sem-teto que nos pede abrigo.

O nu que roga, de nossa parte, apenas um trapo para vestir-se.

O doente que nos suplica um instante de atenção e carinho.

O encarcerado que nos pede nova oportunidade no reajuste da própria senda.

Diariamente, vêmo-los desfilando diante dos nossos olhos. Mas nossos olhos estão cegos para a sua dor.

Ouvimo-los, a todo instante, em súplica de angústia indefinível. Mas nossos ouvidos estão moucos para os seus gritos.

Estendem-nos os braços misérrimos, buscando o apoio de nossos braços operantes, de nossa inteligência e de nossa sensibilidade para a solução de seus dramas pungentes.

São meninos abandonados nas calçadas.

Idosos, sozinhos, em dolorosa desilusão.

Mulheres infelizes, sacrificando o corpo em favor da sobrevivência.

Homens desorientados, cambaleando embriagados nas sarjetas.

Todos nos aguardam, simplesmente, a decisão de abraçá-los, na condição de irmãos.

São eles, na realidade, aqueles mesmos designados pela Vida Superior para auferir-nos o grau de cristianização íntima.

Não apenas eles, os pequeninos esquecidos da face da Terra, contudo, nos testam o valor cristão. Diante dos nossos passos, deparamo-nos, frequentemente, com os grandes pequeninos.

Os que guardam o estômago satisfeito, mas permanecem famintos de amor.

Os que refrigeram a garganta com água pura e encontram-se sedentos de justiça.

Os que habitam residência sólida, mas estão desabrigados da fé.

Os que se vestem com primor e continuam despidos de coragem e perseverança.

Os que estão sadios do corpo físico, mantendo-se enfermos da alma.

Os que vivem em liberdade na vida cotidiana e encarceram o coração no egoísmo e no orgulho.

Não nos será difícil identificá-los, ao nosso lado, já que, muitas vezes, comungam conosco a vida familiar.

Recebamo-los todos, enfim, com alma e coração, alegria e bom ânimo, conscientes de que estamos recebendo a sublime visita do Senhor!

PAULINA KEMPER
Mensagem psicografada em 09/03/1992

No tempo
QUE TE RESTA

Grande número de irmãos situam a própria atividade na Terra na condição de pregadores da salvação.

Tecem brilhantes comentários em torno das bem-aventuranças celestes.

Relacionam, com emoção indiscutível, as sublimes promessas da Espiritualidade Superior, veiculadas através dos profetas e médiuns de todos os tempos.

Enfatizam, não raro, a beleza dos planos maiores da vida, deslumbrando a imaginação de quantos os escutem, espantados e esperançosos.

Poucos, no entanto, se lembram de explicar as condições inerentes ao processo de libertação espiritual das criaturas. E dentre aqueles que relacionam os requisitos básicos da salvação raros ainda são os que se importam com a caridade. A pretensa superioridade intelectual aponta para a verdade, mas a verdade lhes escapa ao raciocínio frio. Os dogmatistas indicam o ato da fé, mas a fé exclusivista não lhes remove a cegueira moral.

Somente a caridade coloca-nos, para todos, a responsabilidade individual perante a consciência do grupo comunitário a que nos vinculamos.

O apóstolo Paulo de Tarso já nos ensinava a excelência da caridade, com sua supremacia dentre as virtudes. E Allan Kardec, varrendo as sombras da interpretação dogmática, estipulou, com acerto, que *"Fora da caridade não há salvação"*.[1]

Antes, assim, de cogitares de tua própria salvação espiritual, na vida futura, atende ao apelo da caridade hoje, porque a caridade te pede a atenção no tempo que ainda te resta na face do mundo.

Realiza, ainda hoje, o teu projeto de assistência fraternal. Empreende, agora mesmo, a obra de amor que te empolga o ideal. Faze, neste instante, o bem que puderes em favor de todos quantos te buscam as portas do coração.

No tempo que te resta, transforma-te a ti mesmo para que a caridade te empolgue o sentimento. E com o sentimento iluminado os teus braços se disporão à obra de redenção para que os teus pés, enfim, seguindo o roteiro da caridade, te salvem das sombras de ti mesmo.

CORINA NOVELINO
Mensagem psicografada em 30/03/1992

---

[1] *O Evangelho segundo o Espiritismo*, Cap. XV, *Instruções dos espíritos*, Item 10.

O temor

DO APRENDIZ

$\mathcal{D}$eterminado aprendiz do Evangelho de Jesus atravessava o período final de uma longa preparação reencarnatória. Marco Túlio preparava-se, com dedicação, para voltar à arena terrestre com o objetivo de resgatar antigos débitos e reencontrar velhos compromissos na reparação necessária.

Inumeráveis benfeitores espirituais orientaram-lhe os passos preparatórios no caminho do porvir regenerador. Cuidadoso estudo de prioridades havia indicado, com precisão, que o roteiro futuro de Marco Túlio na face da Terra contaria com a provação da grande fortuna. Entre débitos e créditos do passado distante, o balanço de sua posição espiritual apontava na direção dos recursos amoedados fartos, com os quais o aprendiz lidaria em favor daqueles que, outrora, havia prejudicado.

Retornaria Marco ao palco humano no desempenho de sagrados deveres de solidariedade, no ajuste imprescindível.

A preparação havia chegado a bom termo. Renasceria Marco Túlio na condição de primogênito de próspero comerciante. Os futuros genitores haviam se consorciado há poucos meses. Nas amplas dependências do Instituto da Reencarnação de vasta colônia espiritual próxima à crosta, Marco, quedava-se, pensativo.

Orava rogando as bênçãos de Mais Alto para suas lutas futuras. Não desconhecia o aprendiz que facearia numerosos obstáculos à própria redenção.

Em dado momento, leve toque de mão impressionou-lhe os ombros. Como que eletrizado por aquele toque inconfundível, Marco Túlio virou-se bruscamente, num transporte de alegria. As lágrimas de júbilo sufocaram-lhe a garganta opressa e Marco apenas pôde pronunciar ligeira saudação:

– Irmão Severo!... Louvado seja Deus!

A generosa entidade acomodou-se, sem afetação, ao seu lado, dando-se pressa a encaminhar o assunto:

– Marco, meu filho, por que trazes o espírito em sobressalto?

– Nobre irmão, – retrucou o aprendiz – medito acerca dos perigos de minha futura estrada!

– Desanuvia tua alma, Marco. Não temas os compromissos renovadores. Movimentarás recursos preciosos em benefício dos semelhantes. Com eles, incentivarás as artes, divulgarás a instrução e agilizarás a indústria em favor do progresso do grupo social a que te vinculas desde longas eras. Retornarás ao convívio daqueles que desviastes antes, reconduzindo-os, agora, os passos na senda do trabalho e do caráter probo e reto. Os teus sacrifícios a benefício desse grupo numeroso de famílias serão utilizados no burilamento da inteligência e no aperfeiçoamento moral dos que te secundarão os esforços. Das rendas que auferirás, retirarás as alegrias inefáveis da beneficência legítima pela escola da caridade. Por que te amedrontas, então, frente as facilidades?

O instrutor Severo contemplava o firmamento em busca da palavra esclarecedora e carinhosamente pousando os olhos lúcidos no aprendiz temeroso, considerou:

– Recorramos à Sabedoria Celeste!

Abrindo, cuidadosamente, um exemplar do *Novo Testamento*, destacou ligeiro trecho das cartas de Paulo, precisamente o versículo 10 do capítulo 6 de sua primeira epístola a Timóteo.

Severo, em tom grave, fez a leitura:

– *"Porque o amor do dinheiro é a raiz da grande maioria dos males, e essa cobiça tem desviado muitos aprendizes da fé, fazendo-os traspassar de muitas dores"*.

Marco Túlio ouviu a alocução, espantado.

Após breves instantes de silêncio, o irmão Severo concluiu:

– Marco, meu filho, em verdade, não temas os empecilhos da estrada, mas, antes, teme a ti mesmo. Amedrontas-te com a possibilidade de falir novamente através do apego injustificável às posses terrenas, mas tende bom ânimo, Marco! Renova a ti mesmo e tua missão será bem-sucedida!

– Mas, caríssimo benfeitor – redarguiu Marco Túlio –, quantas vezes errar nos caminhos do mundo? Até onde irá a paciência dos nossos instrutores espirituais, suportando-nos as faltas inevitáveis?

---

[1] 1 Timóteo 6: 10.

Severo sorriu, compassivo, dizendo-lhe:

– Marco, meu caro, a tarefa da crosta terrestre não é ainda a tarefa dos redimidos. Lá se reúnem as almas devedoras para a Grande Redenção. Previsível, portanto, que retornes às falhas de ontem, repetindo velhos descaminhos. Mas atende, Marco, à tua própria vontade de superar a ti mesmo, e não desfaleças! Alça-te, de espírito e vontade, aos exemplos de amor de nosso Senhor Jesus, e não temas! Sobretudo lembra-te de que se para o erro bastam poucos minutos de irreflexão e invigilância, para o reajuste, muitas vezes, mister se faz se despendam muitos séculos. Caminha, então, querido Marco, na direção de tuas provas redentoras com valor e devotamento a Jesus. Que o teu ouro no mundo se converta na cruz de teu calvário de sacrifícios em favor de teus semelhantes! Permita Deus não venhais a sucumbir sob o seu peso!

O mentor e o aprendiz se abraçaram, emocionados. Despediram-se trocando votos de amizade e atenção.

Em poucas semanas, Marco Túlio volvia ao cenário terrestre pela via da reencarnação, guardando, no íntimo, as palavras amigas do mentor espiritual. Seu pensamento e seu coração convergiam apenas para uma súplica singela: *"Deus, me ajude!"*

TEIXEIRA GUIMARÃES
Mensagem psicografada em 08/06/1992

Notas

DO HOMEM DE BEM

"Se queres, meu caro amigo,
Tornar-se um homem de bem,
Acerta a consciência
No melhor que ela já tem.

Toma por norma e abrigo
A justiça e o amor.
Em toda a contingência,
Esquece a luta e a dor.

Sustenta a fé em Deus
Diante da provação.
Não desesperes, jamais,
Perante a decepção.

Nos caminhos que são teus,
Mantém a fé no futuro.
Só os amigos reais
Te livrarão do apuro.

Aceita a vicissitude,
Sem reclamar de ninguém.
Lembra que, acima de tudo,
Sofre muito esse alguém.

Guarda a excelsa virtude
– A escola da caridade.
Recorda-te, sobretudo,
De agir sempre com bondade.

Toma a defesa do fraco,
Beneficia o irmão.
Serve e age, sem cessar,
Na maior satisfação.

Não te tornes um velhaco.
Sacrifica o teu intuito,
De ordem particular,
Em favor do bem gratuito.

Consola! Enxuga a lágrima!
Quem a outrem feliz faz,
Com calor, benevolência,
Ganha o salário da paz!

Se a vida é uma esgrima,
Não te importa o agressor.
Procura, na indulgência,
O amparo do Senhor.

Caso a ofensa apareça,
Segue o alvitre do perdão.
Acende no próprio peito
A chama do coração!

Retém isto na cabeça,
Se queres buscar a Luz:
Só atinge o dom perfeito
Quem caminha com Jesus!

JAKS ABOAB
Mensagem psicografada em 06/07/1992

O pretenso
ESPÍRITA

Identificar o pretenso espírita em nossas fileiras doutrinárias não é tarefa muito fácil.

Frequenta as reuniões de intercâmbio espiritual com o único objetivo de auferir vantagens imediatas.

Escuta as preleções de cunho evangélico deixando vaguear o pensamento em fatos distantes.

Recebe o esclarecimento de ordem doutrinária sem atentar para as suas profundas consequências morais.

Busca o amparo espiritual à maneira do eterno pedinte.

Em qualquer cometimento empreendido pela comunidade dos irmãos de fé, em favor dos semelhantes, recusa-se ele a participar.

Julga sempre que não está apto a colaborar com ninguém.

Nunca está disposto a reservar diminuta parcela de tempo no emprego da caridade, pretextando excesso de obrigações cotidianas.

Afasta-se das obras de solidariedade fraterna, justificando cansaço e sofrimento.

Sua palavra vem sempre revestida de lamentação e pessimismo.

Seus olhos apenas enxergam a miséria e o crime, e seus ouvidos somente se dispõem a escutar as notícias espetaculares acerca de pessoas e fatos.

De sua boca não se ouve senão a condenação prévia das atitudes alheias.

Lamuria-se com frequência, considerando os outros responsáveis por sua infelicidade.

Foge da autoanálise, temendo a si mesmo.

Cultiva a educação superficial do mundo, transformando o próprio lar em reduto de incompreensão e desgaste.

Lastima-se da solidão, mas, em verdade, não granjeia a amizade de ninguém.

Interpreta a própria personalidade à conta de injustiçada, todavia não procura ser justo em nenhuma ocasião.

Reclama da falta de amor, contudo não exercita o coração na assistência aos que sofrem.

Encarcera-se nas cadeias mentais da posse e da usura, em proveito exclusivo.

Paralisa os próprios talentos artísticos, sem sensibilizar a ninguém.

Petrifica os dotes intelectivos, esquivando-se ao esclarecimento geral.

A bênção do livro espírita serve-lhe apenas de enfeite nas estantes e prateleiras.

Na mediunidade, está sempre esperando espetáculos de grandeza da Espiritualidade Maior, sem cogitar do próprio esforço.

Nunca se cansa de receber e nada dá de si mesmo em favor dos irmãos do caminho.

Afeiçoa-se às interpretações exclusivistas e aferra-se aos particularismos e às suscetibilidades.

Apaixona-se pelas discussões e disputas estéreis, e sobrecarrega os ombros dos companheiros, isentando-se da responsabilidade de servir em nome de Deus.

Em todas as circunstâncias, apenas vê segundas intenções.

Desconfia de tudo e de todos.

Não esquece a ofensa.

Não perdoa.

Nada realiza de bom.

Nada constrói de útil.

Nada erige em honra da fraternidade.

Mantém-se jungido a velhos hábitos.

Apega-se, com ânsia, a antigos vícios.

Nenhum esforço despende para o domínio de suas inclinações más.

Estaciona moralmente.

Não caminha.

Não progride.

Não alarga os próprios horizontes.

Não levanta sua visão acima das coisas materiais e não compreende senão o que lhe interessa ao egoísmo.

Não aceita a Vontade Divina e revolta-se frente à provação.

Não se entrega à oração sincera, exigindo tributos ao seu orgulho.

Recusa-se a instruir-se na sabedoria celeste.

Rejeita o amor espontâneo aos semelhantes.

Essas atitudes infelizes identificam sempre o pretenso espírita.

Se te colocas, amigo, em qualquer desses posicionamentos, alerta a ti mesmo, acertando o passo no roteiro da redenção que te pertence.

Lembra que cada um de nós, indubitavelmente, encontrará no grande amanhã o resultado invariável das próprias obras.

EFIGÊNIO SALLES VÍTOR
Mensagem psicografada em 13/07/1992

Carta
DO DEVER

Lição mais alta da vida
Esta que vou escrever:
Só é feliz neste mundo
Quem cumpre o próprio dever.

Dever é algo que trazes
Por dentro da intimidade,
Gravando tua conduta
Perante a comunidade.

Desdobra-se em ti mesmo
Como um senso natural,
Mostrando-te o roteiro
Da sã e reta moral.

Ele adverte e sustenta
O imo da consciência,
Exigindo, a toda hora,
Atitudes de coerência.

Não te esqueças, entretanto,
Que os sofismas da paixão
Fantasiam, quanto podem,
Alimentando a ilusão.

É livre o teu arbítrio
Na hora de semear,
Mas a colheita é bem certa,
Em qualquer tempo e lugar.

CASIMIRO CUNHA
Mensagem psicografada em 27/07/1992

As seis
JOEIRAS

O roteiro de ascensão se nos apresenta.

Íngreme é a subida.

Árdua a caminhada.

A jornada é difícil.

Nenhum de nós se elevará, portanto, sem disciplina e esforço: disciplina que nos auxilie a despojar-nos dos apetrechos inúteis e esforço que nos mantenha firmes e decididos à conquista do ponto culminante.

Nada de olharmos para trás – elevemos nossa visão para os altos cumes.

Nos cimos, encontra-se a virtude – objeto que almejamos conquistar.

Para que nossa trajetória, contudo, culmine com a divina conquista, analisemos a nossa estrada.

O pensamento é força viva com a qual nos movimentamos. Através dele criamos e refletimos o ambiente mental que nos pertence no seio da coletividade. Com ele forjamos as cadeias mentais que nos aprisionam na retaguarda. Ou, com o seu concurso, formamos as asas da nossa libertação espiritual. Pensar para agir: eis a sequência natural para as nossas atividades humanas.

É por isso que para plasmarmos em nossos trajetos a concretização da virtude em nós necessário se faz que conduzamos o nosso pensamento às seis joeiras. Se conseguirmos estabelecer em nossas vidas esse sagrado hábito de peneiração, estaremos no bom caminho.

A primeira joeira é a da verdade.

A segunda a da honestidade.

A terceira a da justiça.

A quarta a da pureza.

A quinta a da bondade.

A sexta a da respeitabilidade.

Se em todas as ocasiões e circunstâncias da estrada terrestre estivermos na utilização ativa dessas seis joeiras em nossa atmosfera mental, estaremos, sem dúvida, seguros na senda do progresso.

Mas não pense ser isso novidade.

Há aproximadamente dezenove séculos o apóstolo Paulo, coadjuvado por Timóteo, escreveu aos irmãos de fé da cidade de Filipos: *"Irmãos, tudo o que é verdadeiro, tudo o que é honesto, tudo o que é justo, tudo o que é puro, tudo o que é amável, tudo o que é respeitável, se há alguma virtude, nisso pensai!"*[1]

A orientação paulina nos socorre, claramente, indicando-nos que tudo o que não seja verda-

---

[1] Nota do autor espiritual: Filipenses 4: 8.

deiro, honesto, justo, puro, amável e de boa reputação nos é de todo dispensável.

Façamos, pois, agir as seis joeiras em nossas vidas para lançarmos fora os velhos hábitos perniciosos, convictos de que somente assim procedendo alcançaremos a vivência da virtude na edificação do reino de Deus no campo de nossos corações.

SALOMÃO MAGALHÃES
Mensagem psicografada em 03/08/1992

Perante
A PATERNIDADE DIVINA

O governante traçará as diretrizes do progresso almejado no campo da ação, mas sem o apoio do funcionário público anônimo que lhe execute as determinações ele nada fará.

O legislador escolherá as normas de convivência social da comunidade em que serve, mas sem a colaboração do agente gráfico que lhe materialize as leis nos livros ele nada fará.

O magistrado decidirá à luz da justiça os litígios que se lhe apresentem à consideração, mas sem a assistência do escrivão que lhe forneça os volumes do processo ele nada fará.

O arquiteto idealizará a existência de futura edificação, mas se não puder contar com a competência do desenhista que lhe coloque as ideias no papel ele nada fará.

O engenheiro calculará a estrutura do edifício, planejando-lhe a construção, mas sem o trabalho do pedreiro desconhecido ele nada fará.

O advogado agirá na defesa de seus clientes, mas se não tiver o concurso de alguém que lhe secretarie os compromissos ele nada fará.

O médico atenderá às necessidades dos pacientes, mas se não tiver a ajuda de enfermeiros solícitos para a higiene e o remédio ao doente ele nada fará.

O administrador gerenciará as atividades da empresa, mas se não contar com o auxiliar de escritório que lhe cumpra as ordens ele nada fará.

O professor ministrará aos alunos seus conhecimentos em torno de determinada matéria, mas sem o apoio do faxineiro que lhe prepare a escola adequadamente ele nada fará.

O industrial dirigirá vastos recursos na extensão do investimento e do emprego, mas sem a assistência do operário humilde que lhe secunde na criação da mercadoria ele nada fará.

O comerciante facilitará o acesso do público a numerosos produtos, mas sem a presença do balconista que atenda ao consumidor ele nada fará.

A dona de casa coordenará com presteza os movimentos do lar, mas sem a colaboração do padeiro que lhe garanta o pão de cada dia ela nada fará.

Todos guardamos na face da Terra a condição mais apropriada ao cumprimento de nossos sagrados deveres perante a vida.

Encontramo-nos na posição mais exata para o desempenho de nossas responsabilidades frente ao grupo comunitário a que nos vinculamos. Não nos esqueçamos, porém, que, não importando qual seja o nosso posto de serviço, aqui viemos com o objetivo do progresso e da evolução. E, inegavelmente, trazemos conosco, no imo da consciência, a obrigação de amarmo-nos uns aos outros como Jesus nos amou.

Estejamos convictos, pois, do nosso dever de solidariedade e amor. Estendamos, onde estivermos, a fraternidade ativa em nome de Deus, porque, perante Ele, nosso Pai amoroso e compassivo, conforme registra o *"O Evangelho segundo o Espiritismo"*, Capítulo XVII, Item 9, as distinções sociais não prevalecem.

ZECA | JOSÉ FLAVIANO MACHADO
Mensagem psicografada em 10/08/1992

Corpo
E ALMA

Recebeste no mundo terrestre precioso veículo de manifestação, pelo qual te expressa com segurança.

Divina concessão do Mais Alto, através desse vaso de inestimável valor és capaz de exprimir teu modo de ser na vida.

Por intermédio dele, dispões das janelas sensórias adequadas ao teu roteiro evolutivo.

É o corpo da vida física que a bondade augusta de Deus te ofertou por nova oportunidade de ascensão.

Valoriza, pois, esse legado do amor universal que te conduz ao porvir, multiplicando-te as possibilidades de progresso.

Respeita, tanto quanto te seja possível, esse talento inalienável.

Através dele, te manifestas!

Com ele, progrides!

Por ele, caminhas!

Recorda-te de agradecer ao Criador todo instante de aprendizado e luz que o corpo te faculta à alma. Sobretudo lembra-te ainda de que ele é o divino presente de Deus para as tuas necessidades essenciais.

Não desperdices, então, a bênção que te favorece a existência na Terra. Não barateies os dons corporais de que dispões no mundo. Antes, edifica em tua casa corporal uma atmosfera de paz e harmonia. Purifica teu campo pensamental para que o teu pensamento reflita, em derredor, o equilíbrio imprescindível à tua vitória espiritual. E reformando, paulatinamente, o horizonte moral de teu espírito, fazendo aos outros aquilo que desejas se te façam, encontrarás o clima ideal de alegria e bom ânimo, saúde e felicidade que almejas conquistar.

É por isso que o valoroso apóstolo dos gentios Paulo de Tarso, escrevendo aos cristãos de Corinto, em sua primeira carta, capítulo 6, versículo 20, considerou, exortando-nos: *"Glorificai, pois, a Deus no vosso corpo e no vosso espírito, os quais pertencem a Deus!"*[1]

IRMÃO VICTOR
Mensagem psicografada em 24/08/1992

---

[1] Nota do autor espiritual: I Coríntios, 6: 20.

Guardemos
NOSSAS VESTES

Todos nós, dia a dia, guardamos certos cuidados necessários com a apresentação física que nos é própria. A convivência social do mundo coloca-nos a preocupação natural com a aparência.

Diariamente, nos entregamos à higiene recomendável, qual hábito salutar de profilaxia e bem-estar. Tanto quanto nos seja possível, esmeramo-nos em vestimentas e acessórios, apetrechos e calçados, penteados e perfumes, em conformidade com a ocasião para a qual fomos especialmente convidados.

Se semelhantes atitudes exteriores nos são exigidas no dia a dia de nossas experiências terrestres, que se dirá do nosso mundo moral?

Se todos somos chamados à valiosa ocasião de viver, sob as bênçãos e as alegrias do festim da nova oportunidade de aprimoramento espiritual, por que razão descuidamos de nossas vestes diante da celeste ocasião?

Injustificável o descuido de nós mesmos!

Todos quantos aceitaram o convite à vida, entre esperanças e júbilos, obrigam-se ao cuidado moral de si mesmos. Imprescindível a higiene mental que nos afaste as tendências indébitas e o assédio das sombras.

Indispensável a manutenção da paz íntima pelo cultivo dos pensamentos nobres e retos.

Necessário que nos revistamos de alegria e bom ânimo no encontro a que fomos chamados.

Exigível que mantenhamos a atitude positiva de fé e de esperança no porvir renovador.

Importante, enfim, que adornemos os corações com a luz da caridade, através da beneficência legítima, no amor aos semelhantes.

Elevemos, desse modo, nossos costumes morais para que os nossos trajes espirituais possam refletir a dignidade peculiar aos que se amam uns aos outros, como Jesus nos tem amado, desde o princípio.

Ouçamos a sabedoria evangélica registrada pelo apóstolo João nos escritos apocalípticos, capítulo 16, versículo 15: *"Bem-aventurado é aquele que vigia, guardando as próprias vestes!"*[1]

ARGEU SANTOS
Mensagem psicografada em 31/08/1992

---

[1] Nota do autor espiritual: Apocalipse, 16: 15.

Mortos
SEM FÉ

Hoje o tema é oportuno
Nesta casa de oração,
Já que a fé está no centro
De nossa conversação.

Vê-se logo o mau aluno
No aprendizado da vida
Quando não traz no epicentro
A fé robusta e crescida.

Joga fora a existência
Entre a queixa e o desânimo.
A preguiça toma conta
De seu estado de ânimo.

Segue uma triste cadência,
Num roteiro de amargura,
Onde só mora a afronta
Num coração em clausura.

Desperdiça a ocasião
De crescimento e valor
Com que Deus lhe favorece
A conquista do amor.

Torna frio o coração
E árido o raciocínio,
Até que a morte aparece
No inevitável escrutínio.

Sem a fé por lume e guia,
Vejo muita alma penada –
Gente que a morte colheu
E não se deu por achada.

Prefere estar na apatia
Dos velhos tempos da Terra,
Incensando o próprio "eu"
Entre a ilusão e a guerra.

Por isso, meu nobre amigo,
Atente nesta verdade:
Somente a fé nos conduz
Aos cimos da claridade.

Anote bem o que digo,
Para estar em segurança:
Somente Cristo Jesus
É a verdadeira esperança!

JAKS ABOAB
Mensagem psicografada em 02/11/1992

Alma
DESPERTA

A alma desperta após o longo sono
Da consciência própria dos profanos,
A erigir, agora, um novo trono,
Ressurge dos escombros levianos.

Levanta, com inaudito sacrifício,
Cada degrau do altar das altas crenças.
Edifica, com esforço, o edifício
Da fé na soberana Onipresença.

Haure-se na certeza imorredoura,
No sonho da ventura porvindoura,
Que lhe supere a dor vetusta e agreste.

Triunfa ao devotar-se com brandura
Ao serviço da nobre semeadura,
Que lhe conquiste, enfim, a paz celeste!

ALBERTO DE OLIVEIRA
Mensagem psicografada em 09/11/1992

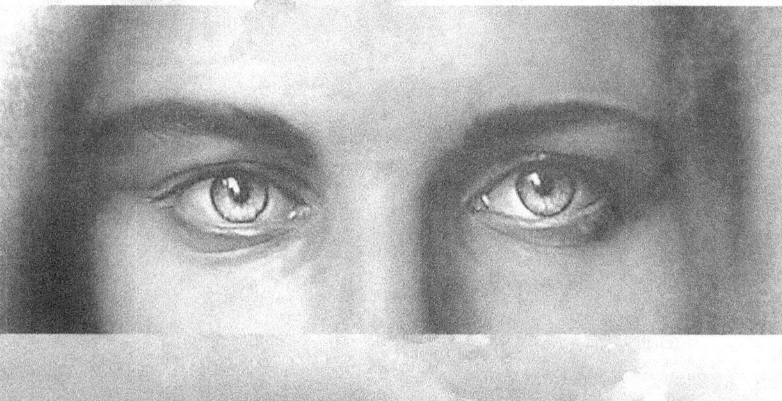
Divine
SENSO

*I*nato senso, senso cristalino,
Do destino certeiro e seguro,
É o sentido de fé, adamantino,
Vero pendor sagrado e maduro.

Pendor que dá a um ser tão pequenino
Qual o homem, projeto prematuro,
O trunfo de saber o genuíno
Destino que o aguarda, belo e puro.

Se dorme em gérmem estado, bem latente,
Acorda na vontade consciente
Que um dia busca a aurora da ventura.

Bendita a fé que aspira ao bem fulgente
E abraça no Senhor onipotente
A vitória do amor e da brandura!

ALBERTO DE OLIVEIRA
Mensagem psicografada em 09/11/1992

Apontamentos
DA FÉ

Quem permanece no mundo sem o valor límpido e harmonioso da fé em Deus, nosso Pai, na realidade assemelha-se a valiosa semente a guardar belos projetos de vida, mas que ainda não desabrochou.

ZECA MACHADO

Sem a fé, estrela-guia
Que nos ampare e conforte,
Ficamos à revelia
Perante as vascas da morte.

JAKS ABOAB

Escute agora, amigo,
Isto que vou lhe dizer:
Somente a fé dá abrigo
Para o nosso evolver.

BADY ELIAS CURI

Eu trago n'alma sincera
A fé por grande alegria,
Que me mantém na austera
Disciplina, disciplina!

PAULINA KEMPER

Não basta a fé sem as obras
Que nos indiquem caminho.
No trajeto há muitas cobras
Querendo, em nós, fazer ninho.

JUCA MUNIZ

Estou convicto agora,
Na luz da consolação,
Que dia a dia, hora a hora,
Nasce a fé do coração.

UBALDO GONZALEZ

Fé pura e verdadeira
É a que inspira o perdão,
Já que esquece toda ofensa
Nas fontes da oração.

JUSTINO MENDES

A fé apoia. A fé conforta.
A fé sustenta. A fé consola.
A fé ilumina. A fé incentiva. A fé age.
Age com fé e viverás!

IRMÃO VASCO

Fé, luminosa candeia,
Mãe de luz da caridade,
Que estende, a mancheia,
A vera fraternidade!

IRMÃO VICTOR

Nas vibrações da harmonia, vige a fé por luz imensa, reformando, todo dia, a pauta da esperança. Na provação, mais fé. Na doença, guarde a fé. Na incompreensão, mantenha a fé. No sofrimento, segure a fé. A fé é o bastão de arrimo que nos escora as oportunidades de viver, aprendendo e crescendo com valor.

ADÉLIA MACHADO

Mensagens psicografadas em 09/11/1992

Oração

DO NATAL

_J_esus,

Nasceste para o mundo envolto em trevas.
Como o clarão da madrugada em novo dia,
Surgiste "sol" no horizonte a que te elevas,
Iluminando as nossas trevas de agonia.

Da manjedoura apagada e escondida,
Na estrebaria singela e simples do caminho,
Iniciaste o apostolado da subida
A conduzir-nos para além do torvelinho.

Pisaste até o pobre chão da frágil Terra,
Que a ilusão consome em sonhos desprezados,
A imperar os morticínios de vil guerra
No coração de seus domínios torturados.

Seguiste sempre por estradas bem desertas,
Na aridez e na secura das conquistas,
A desbravar, com intrepidez, trilhas incertas,
Na virgem selva de noss'almas egoístas.

As tempestades não puderam ensombrar-te
Na agitação inglória e iníqua das procelas,
Porque vieste, destemido estandarte,
Vencer as nuvens nu'arco-íris de aquarelas!

Descortinaste um horizonte de grandezas!
Falaste aos homens, consolaste os aflitos!
Sorveste o fel na triste taça das torpezas
E foste vítima do horror... doutros delitos!...

No alto da cruz da ignomínia, nos espaços,
No sacrifício do martírio mais terrível,
Ainda assim, Senhor amado, abriste os braços
A envolver-nos no perdão imarcescível!

Voltaste em glórias do sepulcro das distâncias
Para abraçar os seguidores e verdugos,
E a vida eterna revelou, em culminâncias,
O leve fardo e o mais suave dentre os jugos.

Mas ai, Senhor, quem somos nós, as criaturas,
Que, infelizes, não souberam receber-te?
Somos os cegos tateando, às escuras,
Que inda agora se recusam acolher-te!

Por isso hoje, ao relembrar-te, ansiosamente,
Por entre escombros e ruínas de mil mágoas,
Vige a vergonha do viver inconsciente,
Que, em nossos ombros, descortina torpes fráguas.

Divino Amigo, vem de novo, no Natal,
Falar ao mundo dos enganos infelizes,
Fazer que seja extirpado todo mal
No mais profundo das entranhas e raízes!

Que o teu abrigo para o povo rasgue os véus
Do Universo soberano das auroras
Para que eleja, consternado, a Luz dos Céus
E se decida a seguir-te, sem demoras!

CAMILO RODRIGUES CHAVES
Mensagem psicografada em 07/12/1992

Falsos cristos
E FALSOS PROFETAS

O Cristianismo nasceu na palha humilde da manjedoura, galgou os cimos da Espiritualidade no Monte Tabor e estabeleceu-se pela renúncia do sacrifício supremo no calvário da cruz, revelando, por fim, aos homens, a vida soberana com o Cristo ressurrecto.

O Cristianismo, a partir da hora primeira, trouxe para a humanidade sofredora o significado do Cristo em nós, através da Boa Nova de redenção, que estabelece, no mundo, o reino dos Céus.

Seus primórdios memoráveis deixaram para a história dos séculos sem fim um poema de beleza inexcedível no campo do espírito eterno.

Seguindo as pegadas do Mestre divino, os apóstolos, rudes e humildes pescadores, tocaram com o seu exemplo as fibras mais sensíveis dos corações sedentos de consolação e esclarecimento. Homens simples, converteram-se em clarins da renovação humana, amando, sofrendo e servindo por ideal.

Ainda no primeiro século da era cristã, Saulo de Tarso, diante da presença de Jesus, às portas de Damasco, transformou-se no mensageiro iluminado do Evangelho para os gentios de todas as procedências.

O coração humilde das massas sofredoras regozijou-se ante as clarinadas da Boa Nova, recebendo consolação e alívio, estímulo e alegria dos trabalhadores da primeira hora.

O século II, estendendo as vibrações luminosas dos primeiros mártires, ainda pôde abrigar a inspiração superior pelos testemunhos de Tertuliano, pelas palavras de Orígenes e pelo endosso de Clemente de Alexandria.

O Evangelho consolidava-se na alma coletiva dos povos aflitos.

Se o fervor da primeira hora, entretanto, fez com que mártires anônimos se imolassem nas dez primeiras perseguições aos cristãos de Nero a Diocleciano, regando com sangue, suor e lágrimas o campo da fé na alma fecunda, os falsos cristos e falsos profetas vieram surpreender as expectativas de tranquilidade enganosa dos presbíteros do século III, induzindo-os ao abandono da luta humana e grandes movimentos de deserção conduziram inúmeras esperanças ao isolacionismo dos desertos ou ao bucolismo de montanhas distantes, qual a de Nítria, estabelecendo os germens dos futuros conventos e mosteiros afastados do povo.

Se a natural simplicidade das primeiras pregações evangélicas felicitou os corações que lhe bebiam as inspirações em palestras amigas e despretensiosas, infelizmente os falsos cristos e falsos profetas vieram tomar de assalto o entendimento deturpado de vários recém-convertidos do século IV. E estes, apressadamente, trataram de revitalizar as cerimônias, os paramentos, os rituais e os altares do paganismo, introduzindo normas inaceitáveis para a prática religiosa, que culminaram com o estabelecimento do culto aos santos por intermédio de Basílio de Cesareia e Gregório Nazianzeno.

Embalde a fraternidade espontânea, que unia como irmãos os primeiros adeptos do Cristianismo, tentou sobreviver, porque os falsos cristos e falsos profetas vieram insuflar no ânimo dos prelados romanos o veneno da vaidade e a cobiça da supremacia. Remanescente orgulhoso do império político em decadência, o espírito dominador de Roma adquiriu vigor nas mentalidades pervertidas de seus bispos e, muito embora a vigorosa oposição de almas esclarecidas ao longo dos tempos, como a de Ambrósio, Bispo de Milão, e a de seu convertido, Agostinho, o imperador Focas, no alvorecer do século VII, entronizou Bonifácio III como sumo sacerdote, lançando as bases do papado em frontal oposição à humildade esperada dos seguidores do Cristo.

As prédicas dos seguidores iniciais da Igreja do Caminho eram feitas às margens de lagos, à beira dos rios, nos campos e bosques, em montes e estradas... Os falsos cristos e falsos profetas, contudo, vieram e, dominando as mentes iludidas com o aceno do poder, levantaram templos de pedra que ao longo dos séculos se converteram em gigantescas catedrais de ouro e prata para louvor da arquitetura e das artes, qual se fossem museus cheios de obras da cultura, mas vazios de calor humano.

A necessidade do perdão das ofensas, da prece pelos perseguidores e verdugos, da oração pelos inimigos constituíam a tônica dos corações da primeira hora cristã, mas os falsos cristos e falsos profetas vieram e, se impondo à feição de patronos da guerra, inspiraram governantes e religiosos do século XI. A partir de Tancredo de Siracusa e Godofredo de Bouillon, até Luís IX, diversas cruzadas de morticínio e iniquidade dominaram os ânimos dos povos, em sangrentas batalhas.

O respeito à liberdade de expressão era atributo exigido nos primeiros momentos do Cristianismo. Os falsos cristos e falsos profetas, no entanto, vieram e, encarnados na figura perversa de Gregório IX, em 1231, estabeleceram o tribunal da Inquisição, que viria manchar de tenebrosos crimes o solo dos recintos religiosos, cerceando, por longos anos e escabrosos séculos, o livre entendimento das verdades excelsas, encarcerando as concepções humanas na prisão de terrível despotismo, que se alongaria ainda com o predomínio jesuíta.

A confissão espontânea dos erros perante os confrades empolgava a alma sincera dos cristãos primitivos, todavia os falsos cristos e falsos profetas vieram cheios de volúpia estatuir a confissão auricular obrigatória, que por longos tempos tem se convertido numa fábrica de crimes inomináveis, perpetrados por homens falíveis à sombra do traje religioso, contra a alma sensível e ingênua de mulheres indefesas.

Meus irmãos, o Espiritismo hoje é a revivescência do Cristianismo primitivo, pretendendo resgatar os séculos de desvios clamorosos, que a ignorância e a maldade humanas imprimiram à veiculação pura e simples da mensagem dos Céus!

Que ninguém vos engane! Acautelai-vos dos falsos cristos e dos falsos profetas, que ainda hoje moram dentro dos vossos corações!

O Espiritismo será o que dele fizerem os espíritas. Volvei, pois, espíritas, o vosso olhar à singeleza natural do Cristianismo primitivo para que possais revivê-lo agora entre os homens de boa vontade! Resgatai as vossas dívidas espirituais com perseverança e otimismo, sinceridade e valor, a fim de que, pelas vossas obras, repletas pelo cêntuplo dos frutos do amor e da caridade, se vos transformem, afinal, os caminhos na direção da eterna luz!

IRMÃO VASCO
Mensagem psicografada em 14/12/1992

Janela
DA ALMA

A paisagem dos arredores de Cafarnaum engalanava-se de sublimes irradiações de paz. Uma alegria incontida abraçava todos os corações, como se todos tivessem sido convidados para uma festa celeste.

Júbilo inexcedível dominava os espíritos sinceros dos que buscavam o convívio amoroso de Jesus de Nazaré. A cidade vivia doce expectação de origem ignota – como aquela a anteceder os instantes mais sublimes.

O Messias lá estava, solícito e compassivo. Jesus congregava os discípulos amados para a palavra da vida eterna. Após encontrar-se com eles na bela residência de Levi, seguiu, intimorato, em busca da multidão. Diversos sofredores ali acorriam em busca de sua bênção inefável de amor.

Eram enfermos de todos os matizes.

Cegos, aleijados, leprosos, crianças subnutridas agarradas ao colo de mães maltrapilhas.

Os filhos do infortúnio e da pobreza ali estavam, humildes, muitas vezes sem a coragem de aproximar-se do Mestre galileu.

Jovens obsedados, denotando triste simbiose espiritual, eram acompanhados por seus familiares aflitos, em busca da libertação.

Peregrinos de todas as partes da Galileia, de Decápolis, e de todas as cidades para além do Jordão também marcavam presença naquela tarde inolvidável.

Misturados à multidão via-se também representantes das classes mais proeminentes dos filhos da casa de Israel, bem como alguns cidadãos do império romano, muito embora procurassem não denunciar sua condição, envolvendo-se em mantos simples.

À passagem de Jesus, a multidão exultava. Alguns mendigos mais aflitos, exalando o mau cheiro que a miséria lhes impunha, ajoelhavam-se em pranto compungente diante do Senhor.

Levi, assustado, juntamente de outros discípulos de Jesus, tentava afastá-los do caminho do Mestre. Jesus, porém, a todos abraçava com alegria indefinível. Levantava os doentes, abençoava as criancinhas, curava as feridas, devolvia a visão aos cegos, afastava os espíritos obsessores dos endemoninhados, incutia o bom ânimo nos corações tristes do caminho.

A turba jubilosa elevava aos céus as suas graças: "*Bendito és, Jesus, filho do Deus Altíssimo*".

E o Mestre, sorridente, a todos replicava: "*Bem-aventurados sois vós que vistes a Luz*".

Cerca de cinco centenas de pessoas acompanhavam aquele roteiro de luz, seguindo o Filho de Deus. A certa altura, o Cristo tomou a direção de um monte, a fim de falar para toda aquela gente. Secundado pela presença carinhosa dos discípulos, Jesus de Nazaré começou a falar.

Nunca em toda a história da humanidade terrestre pôde a coletividade humana ouvir a tão sublime sermão de amor e verdade.

Naqueles momentos memoráveis, aquela pequena multidão testemunharia para sempre o mais perfeito repositório das lições celestes.

Em dado instante, a figura inesquecível de Jesus, como a alertar aqueles corações sedentos de paz, disse-lhes: "*A candeia do corpo é os olhos!*"[1]

Ainda hoje queridos amigos, essa frase repercute com veemência em nossas almas.

Anotemos como temos olhado os fatos em nosso derredor.

Reparemos como temos visto aqueles que nos rodeiam.

Verifiquemos como temos vislumbrado as ideias que se acercam de nós.

Conforme asseverara Jesus, se nossos olhos são bons, todo o nosso corpo se faz em luz. Mas se os nossos olhos são ruins, todo o nosso corpo se transubstancia em trevas.

---

[1] Mateus, 6: 22.

Cuidemos de como estamos olhando o mundo, os acontecimentos, os indivíduos e as ideias que nos circundam.

Pedindo permissão para parafrasear o Mestre inesquecível, dizemos: onde e como guardarmos o nosso olhar no mundo aí teremos o nosso coração, desnudando-nos a intimidade do ser.

IGNÁCIO DE ANTIOQUIA
Mensagem psicografada em 22/09/2003

Biografia

DOS ESPÍRITOS COMUNICANTES

ADÉLIA MACHADO DE FIGUEIREDO

Devotada trabalhadora espírita, natural da cidade de Pedro Leopoldo, em Minas Gerais, onde nasceu, em 21 de abril de 1901. Foi uma das primeiras frequentadoras do Centro Espírita Luiz Gonzaga, testemunhando o início do apostolado mediúnico do então jovem Francisco Cândido Xavier. Colaborou como médium passista durante várias décadas nas atividades espíritas da cidade de Belo Horizonte, onde desencarnou, em 16 de julho de 1982. Era irmã de Zeca (José Flaviano) Machado.

ALBERTO DE OLIVEIRA
(ANTÔNIO MARIANO ALBERTO DE OLIVEIRA)

Farmacêutico, professor e poeta, nasceu em Palmital de Saquarema, RJ, em 28 de abril de 1857, e faleceu em Niterói, RJ, em 19 de janeiro de 1937. Era filho de José Mariano de Oliveira e de Ana Mariano de Oliveira. Fez os estudos primários em escola pública na vila de N. S. de Nazaré de Saquarema. Depois cursou humanidades em Niterói. Diplomou-se em Farmácia, em 1884, e cursou a Faculdade de Medicina até o terceiro ano, onde foi colega de Olavo Bilac, com quem, desde logo, estabeleceu as melhores relações pessoais e literárias. Bilac seguiu para São Paulo, matriculando-se na Faculdade de Direito, e Alberto foi exercer a profissão de farmacêutico. Deu o nome a várias farmácias alheias. Uma delas, e por muitos anos, era uma das filiais do estabelecimento do velho Granado, industrial português. Casou-se em 1889, em Petrópolis, com a viúva Maria da Glória Rebelo Moreira, de quem teve um filho, Artur de Oliveira. Em 1892, foi oficial de gabinete do presidente do Estado, Dr. José Tomás da Porciúncula. De 1893 a 1898, exerceu o cargo de diretor geral da Instrução Pública do Rio de Janeiro. No Distrito Federal, foi professor da Escola Normal e da Escola Dramática. Com dezesseis irmãos, sendo nove homens e sete moças, todos com inclinações literárias, destacou-se Alberto de Oliveira como a mais completa personalidade artística entre eles. Ficou famosa a casa da Engenhoca, arrabalde de Niterói, onde residia, com os filhos, o casal Oliveira, e que era frequentada, nos anos de 1880, pelos mais ilustres escritores brasileiros, entre os quais Olavo Bilac, Raul Pompeia, Raimundo Correia, Aluísio e Artur Azevedo, Afonso Celso, Guimarães Passos, Luís Delfino, Filinto de Almeida, Rodrigo Otávio, Lúcio de Mendonça, Pardal Mallet e Valentim Magalhães.[1]

ANTÔNIO LIMA

Nascido no Rio de Janeiro, em 30 de março de 1864, Antônio Lima foi pioneiro do Espiritismo carioca e já no início do século 20, em 1904, publicava pela Federação Espírita Brasileira (FEB) os livros da Codificação por ele traduzidos, em comemoração aos 100 anos de nascimento de Allan Kardec. Como jornalista, escritor e orador espírita, produziu vasta bibliografia com traduções também do inglês, do francês e do espanhol, contribuindo proficuamente com a imprensa espírita de seu tempo. Como médium intuitivo, afirmava que seus livros eram inspirados pela Espiritualidade Maior, mas nunca os assinou com autoria espiritual. Em Belo Horizonte, onde morou por muitos anos, trabalhou junto da comunidade espírita com desvelo e dedicação, sendo um dos fundadores e primeiro presidente da União Espírita Mineira (UEM). Antônio Lima participou ativamente do movimento de Unificação iniciado por Bezerra de Menezes à frente da FEB, nos anos 20, concretizado, com o Pacto Áureo, em 1949. Já octogenário, e buscando tornar os livros básicos do Espiritismo mais acessíveis, fundou a Sociedade Editora dos Livros de Allan Kardec (SEAL), visando baratear o processo de produção gráfica das obras da Codificação. Desencar-

---

[1] Referenciado em: <<http://www.academia.org.br/academicos/alberto-de--oliveira/biografia>>. Acesso em: 3 out. 2019.

nou em 26 de março de 1946, em Paraíba do Sul, no Estado do Rio, aos 82 anos de idade.[2]

ARGEU PINTO DOS SANTOS

Devotado médium espírita receitista. Fundador do Centro Espírita Fé, Esperança e Caridade, militou muitos anos na cidade de Cachoeiro do Itapemirim, Espírito Santo. Pai do confrade Ênio Santos. Desencarnado em 1908.

BADY ELIAS CURI

Incansável batalhador espírita-cristão no Estado de Minas Gerais. Presidiu a União Espírita Mineira (UEM) de 1955 a 1962, onde deixou um legado de relevantes serviços prestados à causa. Integrou o chamado Pacto Áureo do Movimento de Unificação Espírita junto à FEB. Também presidiu as atividades do Centro Espírita Luz, Amor e Caridade, na capital mineira.

CAMILO RODRIGUES CHAVES

Foi professor, escritor, historiador, espírita militante. Presidiu a União Espírita Mineira de 1946 até a data de sua desencarnação, em 1955. Durante a sua gestão, foi iniciada a construção da sede da federativa mineira, cuja inauguração se deu no dia 18 de abril de 1956. Na UEM, inaugurou a Assistência Dentária e a Farmácia Homeopática, serviços prestados gratuitamente a milhares de necessitados, implantou o jornal "O Espírita Mineiro", periódico de orientação doutrinária, elaborou novo estatuto e ampliou os departamentos da Mocidade Espírita e o Conselho Federativo, conforme as normas do Pacto Áureo de Unificação. Ainda como presidente, realizou o II Congresso Espírita Mineiro, quando foi aprovada a Declaração de Princípios Espíritas. Fundou o

---

[2] Referenciado em: <<https://www.uemmg.org.br/biografias/antonio-lima>>. Acesso em: 3 out. 2019.

Cenáculo Espírita Thiago Maior, foi presidente de honra do Centro Espírita Amor e Caridade, fundador da Sociedade de Amparo à Pobreza, mais conhecida como Sopa dos Pobres, conselheiro, sócio e irmão benemérito de várias sociedades espíritas, que lhe adotaram o nome, e presidiu o Abrigo Jesus. Escreveu o romance espírita histórico *Semiramis – Rainha da Assíria, Babilônia, do Súmer e Akad*.[3]

CASIMIRO CUNHA

Natural de Vassouras, RJ, Casimiro Cunha figura entre os poetas cujos poemas integram o livro *Parnaso de Além-túmulo*, psicografado por Chico Xavier e publicado pela FEB, em 1932. Era cego por acidente, ocorrido aos 16 anos de idade. Tinha apenas instrução primária. Era espírita confesso. Compareceu, inúmeras vezes, em espírito, ao culto no lar do *Grupo Doméstico Arthur Joviano*, na Fazenda Modelo de Pedro Leopoldo, Minas Gerais, que contou com a presença de Chico Xavier nos anos de 1934 a 1952, deixando sua presença registrada em carinhosas poesias, posteriormente publicadas no livro *Cartas do Evangelho - poesias mediúnicas de Casimiro Cunha*, pela LAKE.[4]

CORINA NOVELINO

Nasceu em Delfinópolis, em 12 de agosto de 1912, e desencarnou em Sacramento, em 10 de fevereiro de 1980, ambas as cidades no Estado de Minas Gerais. Ficou órfã de pai e mãe na juventude, quando dedicou-se à caridade, dando tudo de si em favor dos seus semelhantes. O trabalho caritativo de Corina Novelino foi notável em Sacramento, onde atuou por sugestão de Chico Xavier, que lhe transmitiu pela psicografia uma

---

[3] Referenciado em <<https://pt.wikipedia.org/wiki/Camilo_Rodrigues_Chaves>>. Acesso em: 03 out. 2019.

[4] XAVIER, Francisco Cândido; JOVIANO, Wanda Amorim (Org.). *Sementeira de luz*. Pelo espírito Neio Lúcio. 6. ed. Belo Horizonte: Vinha de Luz Editora, 2018. p. 6.

mensagem de Eurípedes Barsanulfo, incentivando-a na tarefa da assistência a crianças desvalidas. Foi assim que se decidiu pela fundação do Clube das Mãezinhas, que congregava mães caridosas para a confeccão de roupinhas infantis, distribuídas semanalmente, e, em 1950, pela abertura do Lar de Eurípedes, o qual mantinha com seu próprio ordenado. Com a ajuda do povo de Sacramento e de cidades vizinhas, o Lar de Eurípedes foi ampliado e amparou mais de 100 crianças, sendo, então, reconhecido como órgão de utilidade pública, passando de internato para semi-internato, oferecendo aos seus assistidos alimentação, vestuário, educação intelectual e religiosa em tempo integral. Corina escreveu livros, cuja renda foi revertida inteiramente à manutenção da entidade, e colaborou com todos os jornais de Sacramento, além de publicações espíritas no Brasil e em Portugal. Era conhecida como "Mãe Corina".[5]

EFIGÊNIO SALLES VÍTOR

Antigo trabalhador do Espiritismo em Belo Horizonte, onde, por largos anos, emprestou as melhores forças à Doutrina Espírita. Sumamente devotado à causa do Evangelho, foi sócio-fundador do Cenáculo Espírita Thiago Maior e da Sociedade de Amparo à Pobreza, ambos de Belo Horizonte. Desencarnado em 1953.

ÊNIO SANTOS

Procedente do Espírito Santo. Sua atividade doutrinária desenvolveu-se no Grupo Meimei, da cidade de Pedro Leopoldo, e no Lar de D. Conceição, instituição que procurava ajudar. Filho de Ageu Pinto dos Santos e

---

[5] Referenciado em << Fonte: http://www.espirito.org.br/portal/biografias/corina-novelino.html>>. Acesso em: 03 out. 2019.

de Eleonora Santos, viveu grande parte de sua juventude no Asilo Deus, Cristo e Caridade, em Cachoeiro do Itapemirim, Espírito Santo, fundado e dirigido pelo português Jerônimo Monteiro, abnegado seareiro espírita. Era um estudioso do Espiritismo. Médico e espírita militante, presidiu a UEM nos anos 1928-1929. Retornou à pátria espiritual em 1932.[6]

ERNESTO SERRA
(DR. ERNESTO AQUILES DE MEDEIROS SENRA)

Médico e espírita militante. Presidiu a União Espírita Mineira, de Belo Horizonte, no período 1928-1929. Desencarnou em 1932.

ESMERALDA BITTENCOURT

Nascida a 28 de setembro de 1888, em Minas Gerais. Conheceu o Espiritismo quando foi morar no Rio de Janeiro e através de Aura Celeste, fundadora do Asilo Espírita João Evangelista. Em face da desencarnação dos filhos, viveu uma vida de grandes tribulações, mas como professora dedicou-se intensamente à educação.[7]

IGNÁCIO DE ANTIOQUIA

Foi bispo de Antioquia da Síria entre 68 e 100, ou 107, discípulo do apóstolo João, também conheceu Paulo e foi sucessor de Pedro na igreja em Antioquia. Segundo Eusébio de Cesareia, Inácio foi o terceiro bispo de Antioquia da Síria e segundo Orígenes teria sido o segundo bispo da cidade. Ignácio foi detido pelas autoridades e transportado para Roma, onde foi condenado à morte no Coliseu, martirizado por leões. Antioquia,

---

[6-7] XAVIER, Francisco Cândido; SANTOS, Eugênio Eustáquio dos (Org.). *Registros imortais*. Por espíritos diversos. Belo Horizonte: Vinha de Luz Editora, 2013.

à margem do Orontes, a capital da província romana da Síria, terceira cidade do Império depois de Roma e Alexandria, ocupa um importante lugar na história do Cristianismo. Foi lá que Paulo de Tarso pregou o seu primeiro sermão cristão (numa sinagoga), e foi lá que os seguidores de Jesus foram chamados pela primeira vez de cristãos. Foi preso por ordem do imperador Trajano (98–117) e condenado a ser lançado aos leões no Coliseu em Roma. As autoridades romanas esperavam fazer dele um exemplo e, assim, desencorajar o Cristianismo, porém sua viagem a Roma ofereceu-lhe a oportunidade de conhecer e ensinar os conceitos cristãos e no seu percurso Ignácio escreveu seis cartas para as igrejas da região e uma para um colega bispo, Policarpo. Ao falar sobre sua execução, Ignácio disse a famosa expressão: *"Trigo de Cristo moído nos dentes das feras"*. E na iminência do martírio prometeu aos cristãos que mesmo depois da morte continuaria a orar por eles junto de Deus: *"Meu espírito se sacrifica por vós, não somente agora, mas também quando eu chegar a Deus. Eu ainda estou exposto ao perigo, mas o Pai é fiel, em Jesus Cristo, para atender minha oração e a vossa. Que sejais encontrados nele sem reprovação"*. Ignácio escreveu sete cartas: Epístola a Policarpo de Esmirna, Epístola aos efésios, Epístola aos esmirniotas, Epístola aos filadelfos, Epístola aos magnésios, Epístola aos romanos, Epístola aos trálios.[8]

IRMÃO SILVINO
(SILVINO CANUTO ABREU)

Fármaco, médico e advogado ilustre, nascido em Taubaté, São Paulo, em 19 de janeiro de 1892, e desencarnado em São Paulo, em 2 de maio de 1980. Foi

---

[8] Referenciado em: <<https://pt.wikipedia.org/wiki/Inácio_de_Antioquia>>. Acesso em: 8 ago. 2019.

o autor do projeto que mais tarde se transformou no Instituto do Açúcar. Como empresário, foi o presidente das Indústrias J. B. Duarte. No campo da Medicina, foi o fundador e presidente da Associação Paulista de Homeopatia. Dedicou-se com afinco ao trabalho em prol das crianças abandonadas, fundando ou colaborando, no Rio de Janeiro e em São Paulo, com diversos orfanatos, como os internatos Anália Franco, para meninos, e Eleonora Cintra, para meninas. Foi colaborador da Associação Feminina Beneficente e Instrutiva. Como pesquisador, foi o diretor-geral da Sociedade Metapsíquica de São Paulo, entidade que, posteriomente, fundiu-se com a Federação Espírita do Estado. Dr. Canuto dedicou-se ao estudo e à divulgação da Doutrina Espírita ao longo de sua laboriosa vida. Escreveu obras de destaque no resgate do aspecto histórico do Espiritismo na França e no Brasil, notadamente em torno da obra de Allan Kardec e de Dr. Adolfo Bezerra de Menezes. Incluía-se no rol dos amigos diletos do estimado médium Chico Xavier.

IRMÃO VASCO

Destacado prelado da Igreja Católica Apostólica Romana. Foi grande missionário português nas terras da Capitania do Maranhão, no século XVII.

IRMÃO VICTOR
(FRANCISCO DE PAULA VICTOR)

Também conhecido como Padre Victor. Nasceu em Campanha, Minas Gerais, em 12 de abril de 1827, e desencarnou em Três Pontas, no mesmo Estado, em 23 de setembro de 1905. Foi vigário da paróquia de Três Pontas, de 18 de junho de 1852 até a sua desencarnação. Por todos os seus frutos na seara de Jesus e suas reconhecidas virtudes, é carinhosamente lembrado e amado até os dias de hoje.

JAKS ABOAB

Nasceu em Constantinopla (atual Istambul, capital da Turquia), em 15 de abril de 1889. Viveu toda a sua infância na Argélia, norte da África, e na adolescência residiu na França, lá tornando-se mascate, percorrendo vários países da Europa e do Oriente, principalmente a Grécia e o Egito. Mais tarde rumou para a América do Sul, percorrendo vários países, fixando residência definitiva no Brasil. Em suas viagens pelo Nordeste, conheceu a Doutrina Espírita, justamente em Recife, Pernambuco, e desde esse seu primeiro contato com o Espiritismo fez-se adepto leal e dedicado. Residindo no Rio de Janeiro, pregava o Evangelho de Jesus nos centros espíritas. Fundou o Grupo Espírita André Luiz dentro de sua própria loja, na rua Moncorvo Filho – atualmente na rua Jiquibar, na Praça da Bandeira, em sede própria. Como orador, viajou por vários estados brasileiros, levando sua palavra evangelizada a semanas espíritas, confraternizações e outros eventos. Como liderança, legou ao movimento espírita exemplo de dedicação e amor ao Evangelho do Cristo, com serviços prestados em várias frentes, fundando instituições assistenciais e doutrinárias, trabalhando pela difusão ampla do Espiritismo cristão. Desencarnou no Rio de Janeiro, em 5 de fevereiro de 1969.[9]

JOSÉ FLAVIANO MACHADO
(ZECA MACHADO)

Mais conhecido como Zeca Machado. Abnegado trabalhador do Espiritismo na cidade mineira de Pedro

---

[9] Referenciado em: <<http://bvespirita.com/Personagens do Espiritismo (Antonio de Sousa Lucena e Paulo Alves de Godoy).pdf.>> Acesso em: 3 out. 2019.

Leopoldo, Minas Gerais, onde militou por 35 anos ininterruptos ao lado do estimado médium Francisco Cândido Xavier. Participou da constituição do Centro Espírita Luiz Gonzaga, do Centro Espírita Scheilla e do Grupo Espírita Meimei. Seus exemplos de caridade evangélica, paciência e humildade são lembrados até hoje. Desencarnou em 18 de julho de 1964.

JOSÉ SILVÉRIO HORTA

Também lembrado como Monsenhor Horta. Inspirado sacerdote da Igreja Católica Apostólica Romana, notável pelo seu entranhado amor à caridade cristã. Viveu na cidade de Mariana, Minas Gerais, onde deixou formosas tradições de humildade e simplicidade. Desencarnou em 31 de março de 1933, aos 74 anos de idade.

JUCA MUNIZ
(JOSÉ MARTINS SIQUEIRA)

Poeta de vasta produção. Nasceu no bairro do Paraíba, município de Santa Branca, no Estado de São Paulo, em 20 de março de 1889. Desencarnou em Salesópolis, também no Estado de São Paulo.

JUSTINO MENDES

Trovador caipira das tradições do interior brasileiro.

MARIA DEL PILAR
(MARIA DO ROSÁRIO DEL PILAR)

Esposa do Duque de Alba na Espanha de Carlos V e Felipe II. Uma das encarnações de Meimei (Irma de Castro).

PAULINA KEMPER

Médium fundadora do *Centro Espírita Luz, Amor e Caridade*. Amiga de Pascoal Comanducci. Nair Machado levou Chico Xavier até a casa dela nos anos 1980, quando este revelou que D. Paulina era designada diretora espiritual de todas as reuniões espíritas de desobsessão realizadas na capital mineira. Avó do ex-presidente da UEM Henrique Kemper Jr.

SALOMÃO MAGALHÃES

Foi um médico de Bagé, no Estado do Rio Grande do Sul. Guia espiritual do Centro Espírita Luz, Amor e Caridade de Belo Horizonte, MG.

TEIXEIRA GUIMARÃES

Um dos guias espirituais do Centro Espírita Luz, Amor e Caridade, de Belo Horizonte, MG.

UBALDO GONZALES

Um dos fundadores do Hospital Espírita André Luiz de Belo Horizonte, MG, cuja missão institucional é oferecer tratamento interdisciplinar com excelência ao portador de sofrimento mental, bem como aos seus familiares, visando a reinserção social, sob os princípios da Doutrina Espírita.

Referências bibliográficas

Alberto de Oliveira <<http://www.academia.org.br/academicos/alberto-de-oliveira/biografia>>. Acesso em: 3 out. 2019.

Antônio Lima <<https://www.uemmg.org.br/biografias/antonio-lima>>. Acesso em: 3 out. 2019.

BÍBLIA SAGRADA. N. T. Disponível em: <https://www.bibliaonline.com.br/>. Acesso em: 2 abr. 2019. Almeida corrigida e revisada. [Apocalipse, 16: 15; 1 Coríntios, 6: 20; 1 Coríntios 13; Efésios, 4: 31; Filipenses 4: 8 ; Hebreus, 12: 1; Mateus, 6: 22; 16: 27; 26: 41; 1 Pedro, 1: 22; Romanos, 8: 24-25; 2 Timóteo, 3: 1-2; 1 Timóteo 6: 10.]

Camilo Rodrigues Chaves <<https://pt.wikipedia.org/wiki/Camilo_Rodrigues_Chaves>>. Acesso em: 03 out. 2019.

Corina Novelino http://www.espirito.org.br/portal/biografias/corina-novelino.html>>. Acesso em: 03 out. 2019.

Ignácio de Antioquia <<https://pt.wikipedia.org/wiki/Inácio_de_Antioquia>>. Acesso em: 8 ago. 2019.

Jaks Aboab <<http://bvespirita.com/Personagens do Espiritismo (Antonio de Sousa Lucena e Paulo Alves de Godoy).pdf.>> Acesso em: 3 out. 2019.

KARDEC, Allan. *O evangelho segundo o espiritismo*. 131. ed. Brasília: FEB, 2013. [Edição histórica]

LEÃO, Geraldo; NETO, Geraldo Lemos (Orgs.). *Pedro Leopoldo vista por Chico Xavier - 1910 | 1959. 49 anos da presença do maior médium de todos os tempos.* Belo Horizonte: Vinha de Luz, 2011.

LEMOS NETO, Geraldo. Acervo iconográfico e documental da Casa de Chico Xavier de Pedro Leopoldo: 2020, Rua Pedro José da Silva, 67.

LEMOS NETO, Geraldo. Learning from Chico Xavier's trips to the United States. *The Spiritist Magazine*, Chantilly, VA, n. 22, p.22-27, Jul-Sept. 2013.

LEMOS NETO, Geraldo Lemos. *Réstia de luz*. Por espíritos diversos. Belo Horizonte: Vinha de Luz, 2004.

XAVIER, Francisco Cândido; SANTOS, Eugênio Eustáquio dos (Org.). *Registros imortais*. Por espíritos diversos. Belo Horizonte: Vinha de Luz Editora, 2013.

XAVIER, Francisco Cândido; JOVIANO, Wanda Amorim (Org.). *Sementeira de luz*. Pelo espírito Neio Lúcio. 6. ed. Belo Horizonte: Vinha de Luz Editora, 2018.

Anexo A

www.interceu.com
THE
Spiritist
MAGAZINE
English Edition N. 22 - July - September, 2013
www.thespiritistmagazine.com
An unprecedented letter from Chico Xavier
RITUAL
SSAGES
The Evolution of Consciousness
by Dr. Iris Sinotti and Dr. Claudio Sinotti
Learning from Chico Xavier's Trips to the USA
by Geraldo Lemos Neto
Sex Determination
by André Luiz

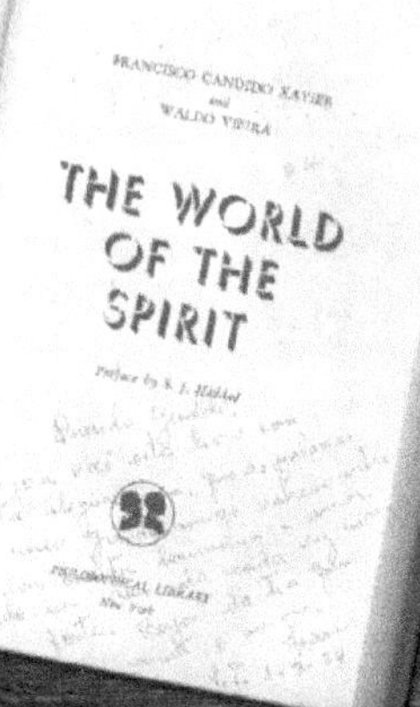

Learning from Chico Xavier's trips to the United States

> Geraldo Lemos Neto

Chico Xavier visited the United States twice. The objective of these trips was to promote our spiritual principles.

The first trip took place between July and August 1965. Chico Xavier together with the medium Waldo Vieira visited some Spiritist friends in New York, New Jersey, Washington DC, Virginia, Maryland, and North Carolina. During those visits, they established contacts with people in order to disseminate the Spiritist Doctrine in the United States. During that first trip they became great friends with the Haddad family from Elon College[1] in North Carolina. The foundation of the Christian Spiritist Center in Elon College, North Carolina, was the result of that first trip to the United States.

We have a postcard that Chico Xavier sent to my great aunt Adélia Machado de Figueiredo on July 26, 1965 from New York. The first messages received by Chico Xavier in English were published in a pamphlet dated August 1965. It was titled "Spiritual Messages", and it was edited by the Christian Spiritist Center of Elon College, North Carolina. The pamphlet was sent to the couple Nair and Sylvio Pascoal, who were also my great aunt and great uncle. They both lived in São Paulo.

Chico Xavier's second trip to the United States started in April 1966. It started in Los Angeles and San Francisco in California. From the west coast, they traveled to the east coast of the USA. Chico Xavier and Waldo Vieira went to New York, where on May 17, 1966, they launched the first book, which was fully psychographed in English. The book was titled "The World of the Spirit." It was published by the Philosophical Library of New York, located at 15 East 40th Street in New York City, and its catalog number at the Library of Congress in Washington DC is 65-27462.

We have a copy of the first edition of the above mentioned book, which was signed by Chico Xavier on the same day that the book was launched on May 17, 1966. The book was a gift to my great aunt Nair and my great uncle Silvio Machado Pascoal. The book was mailed along with a postcard, which was written by Chico Xavier giving the good news on May 28, 1966. Two weeks later, on June 14, 1966, Chico Xavier wrote again to Aunt Nair. In this letter[2], he told about his work in the United States. In the same touching letter, which was written in the English language with great fluency, Chico Xavier talked about how much he missed his friends from Brazil and all the tasks that he used to perform there. In addition to this, he also said that the spiritual benefactors were inspiring him to study English. Having knowledge of the language, Chico Xavier would be able to clarify and disseminate the principles of the Spiritist Doctrine.

From New York, Chico Xavier traveled to Elon College[1], North Carolina, where he attended public sessions to study Spiritism. He also psychographed numerous messages. One of them, which was entitled "Guidance and Success", was published in a booklet by the Christian Spiritist Center on July 6,

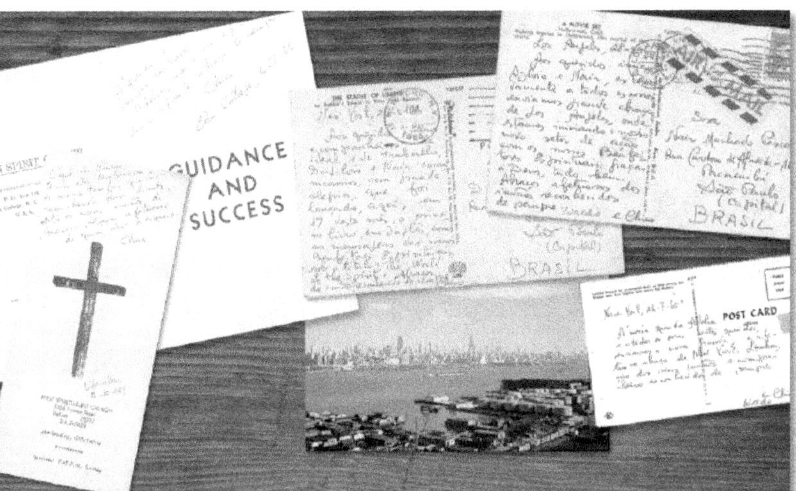

1966. Chico sent it to my aunt Adélia Machado de Figueiredo who lived in Belo Horizonte.

A fact worth mentioning is a prediction Chico Xavier made before travelling to the USA in 1966 (his second visit to the country). Chico Xavier foresaw the desertion of his fellow friend Waldo Vieira from the Spiritism path. This was witnessed by our dearest Noêmia Barbosa da Silva, a friend of our family who was also very connected to Chico's heart, she is known as Nona. One day when Chico was at the home of Waldo Vieira's mother in Uberaba, in the presence of both friends (Noêmia and Nona), Chico Xavier predicted that Waldo Vieira was going to withdraw from Spiritism during his trip to the North American lands.

In fact, Chico told us during our private conversations in the 80s and 90s that, while inside of the airplane during his trip to the United States in 1966, the spirit of Emmanuel told him about the details of a spiritual attack, which was going to involve both mediums. Emmanuel explained that the dark shadows were getting organized to divert Waldo Vieira to Japan.

Chico talked to Waldo Vieira about Emmanuel's alerting message regarding his trip to Japan at three different times. He asked Waldo Vieira to resist to the temptation of the "professional development in the field of plastic surgery," since Waldo was a physician. He told Waldo Vieira that he was born with the task of committing himself to Spiritism with Jesus and Kardec. However, the request did not have any effect. Influenced by a Russian doctor, Waldo Vieira left to Japan leaving Chico Xavier alone for more than a month in the cosmopolitan city of New York without any money and away from friends. They were staying in a hotel on the 5th Avenue in lower Manhattan, their reservation included one a daily meal. For Chico Xavier, who was used to eat 3 meals a day in Brazil, this was a period of great sacrifice and anguish, in which he missed all his friends and tasks from Brazil. He told me that, at night, while he was alone in the hotel room dealing with the anguish of loneliness, the old friends from his hometown of Pedro Leopoldo, who had passed away, were those who were coming to cheer him up. They were encouraging him with faith and trust in God. They sang old songs of his youth years and they played the musical instruments that he liked best. My great uncle Zeca Machado, who was the conductor of the band in Chico's hometown of Pedro Leopoldo, was one of those spirits who came to cheer him up during the nights of melancholy. He used to play to Chico with his inseparable accordion or also his violin.

Chico Xavier told us that on the 30th day of his stay in New York, while alone and without any resources, the manager of the hotel, where he was staying, called him and requested for a new deposit in dollars in order for him to stay at the hotel, since his hotel reservation was expiring. Chico Xavier would have to leave the hotel if he could not make the required payment. Chico then, distressed by the unexpected situation, decided to go for a walk and pray. He asked

Jesus for his infinite mercy. Disconsolate, he walked heavily up to the 5th Avenue in New York City, where a gleaming white limousine stopped a few steps ahead of him. A particular driver dressed up in his uniform got out of the luxury car and, respectfully, he opened the door to a well situated woman who apparently was about 60 years of age. She was really well dressed in a green dress, wearing sparkling jewels, which were made of expensive diamonds. Immediately, the lady approached Chico in a joyful and laid-back way. She talked to him in a very lush and lively way. Chico had difficulties to understand her English because of her Irish accent, so he told her, "Please speak slowly!". She promptly adjusted. Then, the lady started to tell him about her personal life. She was from an Irish immigrant family who had settled in the United States and prospered greatly. Because she followed the Irish Catholic religion, she was devoted to St. Patrick and, for long 20 years, she wished that her family received three blessings, for which she prayed fervently making promises to the saint of her devotion. Unexpectedly, in that sunny summer morning in New York, she was granted all the three blessings. She was immensely happy for what happened, and for that reason, she was ready to pay for the promise that she made to St. Patrick. So with all the respect Chico Xavier asked her what was the promise that she made. She happily replied by saying:

"I promised to St. Patrick that I would treat the first homeless that I found on the streets as a good Samaritan. I would give him a place to leave and food for as long as he needed!"

Chico told me that he exploded with happiness for what happened and promptly he told the lady, "Well, very well, this homeless is me!"

The lady invited him to get in the white limousine and asked him if he was hungry. When Chico confirmed that he was hungry, the lady asked the driver to go to one of the most exclusive restaurants in New York. The lady did not get concerned with the simple and humble way that Chico was dressed. However, some of the people, who were in the restaurant, glanced at him with a look of discrimination because of his poor appearance. That felt uncomfortable with his presence.

The lady asked for the head-waiter. Based on the courtesy and distinction that the lady was being treated, Chico Xavier realized that she was a frequent presence at the restaurant. She asked the head of the waiters to bring to the table all the main dishes that the restaurant was offering because her friend was hungry. Different dishes of salads, meat, chicken, fish, shrimp, sea food, desserts, teas, and coffee were served. Chico told us that he ate a lot. He said that he could not remember eating that well during his whole life!

The lady waited patiently until Chico had eaten enough. After paying the bill, she wanted to know where he was staying. Chico told her the address and they drove there quickly. When they arrived at the hotel, the lady asked for the manager. She got informed on the details regarding Francisco Cândido Xavier's stay at the hotel. From her purse, she got a huge amount of dollars and paid the equivalent of three months of accommodation. In addition to that, she checked to be sure that three daily meals were included in the price agreed with the manager. The manager was surprised, but he met all the requests by the visiting lady. Very happy indeed, the lady said good bye to Chico Xavier, who tearfully, thanked the Divine Providence of Heaven for helping him during the most agonizing hours of that unforgettable day.

After a few days, and without any sign of Waldo Vieira coming back from Japan, Chico had an idea. He decided to talk to the manager of the hotel. During that time, the communication between both continents (North and South Americas) was not easy. Besides, it was really hard and expensive to get a phone call from the United States to Brazil. However, Chico asked the manager of the hotel if it was possible to make a phone call to his friends in Sao Paulo, and for that, the manager had his authorization to use the money that the lovely lady left to cover his expenses. The manager agreed and, after waiting for so many hours, Chico Xavier finally reached his friends in Sao Paulo. He told them about his dramatic situation, in which he was abandoned by his friend. He said that he needed to go back to his lovely spiritual tasks in Brazil. Immediately, the friends from Brazil provided Chico with a ticket from New York to Sao Paulo. Chico said good bye to his North American experience. A couple of days later, he landed on the International airport in Sao Paulo city. My great aunt Nair Machado Paschoal and my great uncle Sylvio do Couto Paschoal were there waiting to greet their friend along with a huge number of people. They said that, when he finally walked down the stairs of the aircraft, Chico Xavier knelt down and kissed the ground of his Brazilian homeland.

References:

[1] Elon College today is Elon University in North Carolina.

[2] The letter is published in this issue of the magazine.

Chico Xavier's Unprecedented Letter

Chico Xavier's letter is a true lesson of brotherhood, kindness, affection, and obedience to the Higher Spirits.

Dear reader, we here publish the following letter written by Chico Xavier to Nair Machado in 1966 while visiting the United States. It belongs to the archives of the Machado family, now under the foundation that sustains the museum at Casa Chico Xavier in Pedro Leopoldo, Minas Gerais, Brazil. The letter was kindly presented to us by Geraldo Lemos Neto, who also gave the Spiritist Magazine permission to publish it in this current issue.

The letter is a true lesson of brotherhood, kindness, affection, obedience to the Higher Spirits. More than anything else, it tells us of the plans of the Good Spirits for the dissemination of Spiritism in other lands, especially in the United States. By 1966, the year of the later, Chico Xavier, was a deeply respected individual and medium, having published more than 68 books at the time, amongst them the bestselling and masterpieces by Emmanuel and Andre Luiz.

Moreover, we cannot lose sight that Chico Xavier, in spite of his extraordinary mediumistic abilities, always gave good example of the importance of self-effort. In this case, he shares how hard he was dedicating himself to learning English in order to disseminate Spiritism in the USA and other English-speaking countries. He really is a role model for all of those who are immigrating Spiritists and really want to spread Spiritism effectively. Let us not forget that Chico Xavier had incomplete fourth grade, and, by 1966, he was already 56 years of age! What an inspiration…

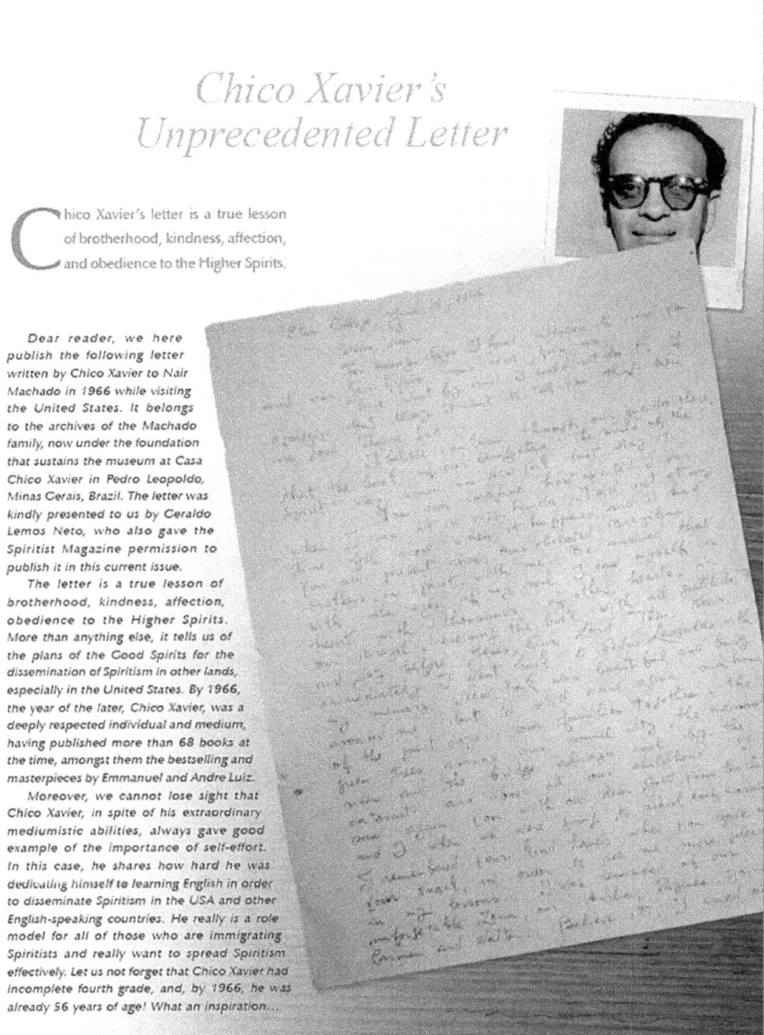

Elon College, June 14, 1966.

Dear Nair,

For many days I have intended to send you and Dr. Sylvio some news from us.

Time went by and I could not do it. I apologize but today I went to tell you things here are good. Praise God!...

I believe you know through our friends there that the book of our benefactors 'The World of the Spirit" was issued in New York, last May 17.

You can imagine how excited I was when I saw it in my hands. I did not at any time feel alone when it happened and I had you all present also, our beloved Brazilian brothers, in spirit, with me. Be assured that with the eyes of my soul I saw myself a heart with thousands of other hearts, in our Brazil, receiving the books with all gratitude and joy before Jesus, Our Lord. Then, Nair, immediately I went back to Pedro Leopoldo with my memory. New York was beautiful and busy around me but I still saw again our home of the past days... our families together... the green trees around our small city, the narrow river and the bridge always cool by the cataract... and above all our childhood... I saw again you with our dear João your brother and I when we were going to school each morning...

I remembered your kind hands when you gave me your snack, in order to see me more pleased in my lessons... I was reminded of our unforgettable Zeca, our Adelia, Pazinga, Jaime, Carmem, and Walter... Believe it, I cried very much with the thankfulness and happiness in my sweet remembrance... My tears looked like a soft spring watching my soul... Finally, I understood that my poor work in mediumship belongs also to you all, dearest brothers of the Machado family.

When I finished our task in New York, I came to North Carolina, where I am with our swell folks – the Haddad family, in Elon College. They are blessed benefactors. I don't know how to thank God, because I am so happy here.

I am working spiritually every day and I continue studying English very hard. Now, our spiritual friends are teaching me with my teachers, in the home, something about translation, because they wish me to develop it for the propagation of our principles in English, and I am going to do my best efforts for the fulfillment of these new duties. Of course, I have you all in my heart as always.

God willing, I intend to return to Brazil in a short time, and I desire to see you and Dr. Sylvio on my way back.

My regards to our dearest sons and our friends. To both of you – you and Dr. Sylvio – my best wishes. May God bless you every moment.

Affectionately,

Chico

Chico Xavier's Plea

S piritism belongs to our Lord Jesus Christ and to Him, our Divine Master, we supplicate protection and blessings.

As for me, if I can talk or ask for anything, this time, I request that all charitable hearts pray to Our Blessed Mother in my favor, so I can - if this is the Will of Divine Providence - continue honestly fulfilling my duties as a Spiritist medium in the religion that God gave me, without judging or hurting anyone.

Francisco Candido Xavier
Pedro Leopoldo, July 29, 1958.

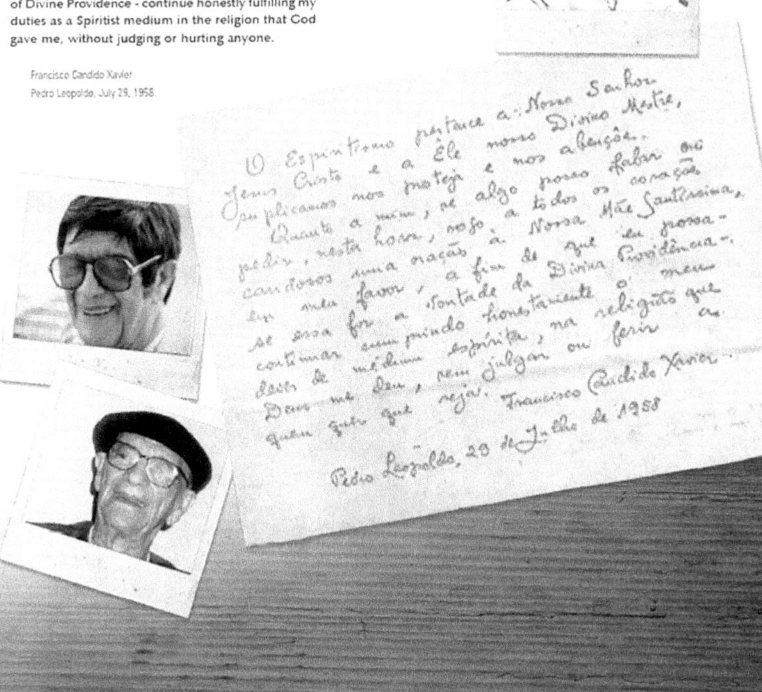

SÃO PAULO DE PIRATININGA

Queridos amigos, novamente tomo o lápis e o papel pela via mediúnica para uma conversa ao pé do lápis, tão ao gosto de minhas alegrias e expectativas!

Hoje aqui estamos para uma comunicação de cunho ligeiramente diverso daquele que nos acostumamos a ver em nossas tarefas no "Luz".

Jesus, em sua imensa bondade, nos auxiliará na transmissão a que nos propomos, trazendo aos amigos da vida física algumas notícias do plano espiritual em que nos situamos.

Referimo-nos ao transcurso, no dia de ontem, do aniversário dos 450 anos da estimada metrópole de São Paulo, que todos nós, os brasileiros, reverenciamos como sendo a locomotiva de nossa abençoada nação.

Alguns amigos poderão perguntar, com razão, por que trazer notícias da Espiritualidade acerca do aniversário de uma cidade do plano físico, quando tantas outras cidades existem em nossa coletividade brasileira, tão dignas de nota e reverência quanto a capital dos paulistas?

Acontece, amigos, que a referida data de 25 de janeiro de 1554 traz para nós outros uma significação especial.

Propusemo-nos a relatar-lhes a reunião da Espiritualidade que comemorou os 450 anos de São Paulo não com o intuito dos louvores puramente materiais e humanos, mas sim com a finalidade de registrarmos a alegria de todos os servidores do Evangelho de Nosso Senhor Jesus Cristo com o transcurso do aniversário glorioso dos 450 anos, que inauguraram, na pátria do Cruzeiro, o serviço maior de evangelização nas terras do coração do mundo.

Não ignoramos que antes mesmo do descobrimento do Brasil o coração augusto e misericordioso de Jesus já havia designado a terra de Vera Cruz como a terra prometida para cujo coração transplantaria ele, com a bênção de Deus, a árvore de seu Evangelho de amor e sabedoria, base para as primícias de seu reino de luz nas realizações do porvir redimido da humanidade terrestre.

Ismael recebeu do Senhor a sagrada incumbência de guiar espiritualmente os destinos do Brasil e desde os alvores do século XV o abnegado mensageiro de Jesus tem nas suas mãos generosas as rédeas de nosso destino.

Sob as inspirações de Ismael, em 1 de fevereiro de 1549 partia da península ibérica a primeira missão de evangelização do Brasil, sob a chefia do jesuíta Manoel da Nóbrega, que, guardando a auspiciosa data no coração, dedicou o sucesso de sua expedição à memória e lembrança do inesquecível mártir do Cristianismo nascente Ignácio de Antioquia.

Outras missões evangélicas se seguiram à vinda de Nóbrega e, em princípios de 1554, o austero servidor do Cristo deliberou enviar mais de uma dúzia de servidores do Evangelho subindo a Serra do Mar a partir de São Vicente, para atingir, a custo de ingentes sacrifícios, os altiplanos de Piratininga, com o único intento de ali fundar o primeiro movimento organizado de evangelização sistemática em terras do Brasil.

A missão esteve a cargo do venerável jesuíta Manuel de Paiva, espírito acostumado às grandes demonstrações de virtude e caridade, a cuja passagem muitos têm se curvado de admiração e respeito ao longo dos séculos.

Dentre a caravana desses primeiros valorosos servidores do Evangelho, jovem canarino, de nome Irmão Joseph de Anchieta, também destacara-se em sua lucidez espiritual que os séculos não puderam ensombrar, sendo ele mesmo a reencarnação do inesquecível cristão da ilha de Chipre José Barnabé.

Ao atingirem os altiplanos verdejantes dos vales do Tietê e Anhangabahú, nossos irmãos se tomaram de grande fervor espiritual, sendo que o jovem Irmão José, em sublime transporte mediúnico, viu com os olhos do espírito a chegada do grande apóstolo dos gentios Paulo de Tarso, seu companheiro na evangelização da gentilidade em outras eras, chegando para abençoar aqueles campos e terras quase despovoados.

Não sem razão, os referidos religiosos erigiram a primeira igreja do Cristo naquelas paragens, realizando o primeiro serviço religioso no dia 25 de janeiro, dia que relembra a inesquecível conversão, às portas de Damasco, do apóstolo Paulo de Tarso.

Este foi o primeiro marco da evangelização da terra do Cruzeiro e esta a razão de reverenciarmos essa data com todo nosso respeito e carinho.

Não viemos aqui, todavia, com propósito de historiadora. Aqui viemos relatar aos queridos amigos e companheiros do ideal espírita-cristão o desenrolar da reunião espiritual que honrou a memória dessa data na última madrugada de domingo, 25 de janeiro de 2004.

Quatrocentos e cinquenta anos após os primeiros passos do Evangelho de Jesus no Brasil, coração do mundo, houve por bem a Espiritualidade Maior organizar emocionante cerimônia em torno do local que, no plano físico, é lembrado como o pátio do Colégio de São Paulo de Piratininga.

Em nosso plano de atuação, recebemos com alegria o convite para participarmos da auspiciosa comemoração das mãos do querido benfeitor irmão Cícero Pereira e para o local aprazado seguimos juntos, em torno das 3 horas da manhã no horário terrestre.

Ao chegarmos ao mencionado pátio, surpreendemo-nos com a movimentação espiritual em curso. Via-se a portentosa metrópole paulista com sua iluminação característica do plano físico, na madrugada... Entretanto, em nosso plano, o pátio do colégio se estendia quase que ao alcance de nossas vistas, ao infinito!...

Pudemos registrar grandes caravanas de espíritos diversos, encarnados e desencarnados, todos acomodados com eficiência e organização impecáveis. Os grupos afins se dispunham juntos e pudemos notar as diversas nacionalidades de origem que hoje formam a mista etnia paulistana.

Portugueses, espanhóis, italianos, ingleses, israelitas, sírios, libaneses, franceses, alemães, poloneses, eslavos, japoneses, coreanos e tantos outros grupos menores ali estavam expectantes.

Também diversos grupos se juntaram pela sintonia dos ofícios e ali estavam artistas, musicistas, arquitetos, engenheiros, médicos, magistrados, juízes, políticos, advogados, servidores variados que laboram e laboraram na construção da pauliceia. Destes, pudemos registrar, com destaque, a presença de Lazar Segall e Tarsila do Amaral.

Também os grupos religiosos eram distintos. Ali se encontravam espíritas, católicos, protestantes, budistas, hinduístas, maometanos e judeus, em pacífica convivência.

Subitamente, passamos a ouvir música maviosa, de origem ignota. Qual se os anjos celestes tocassem harpas sutilíssimas, passamos todos ao recolhimento interior com reverencioso silêncio. Um coral composto de, talvez, um milhar de vozes infantis nos lembrou a figura excelsa de Jesus e todos nos lançamos intimamente à oração, vertendo lágrimas de copiosa emoção. Notamos então que do palco especialmente armado para a nossa cerimônia passaram a se tornar visíveis, em processo de materialização que ainda desconheço, cerca de duas mil elevadas entidades espirituais em profunda concentração. Parecia-nos que as referidas entidades forneciam material espiritual radiante com determinado fim, o qual explicou-me professor Cícero Pereira.

Vimos, então, quando pequeno grupo de irmãos se aproximou proveniente da Espiritualidade. Eram cerca de uma centena de espíritos e não tivemos dificuldade de reconhecer a personalidade de Joseph de Anchieta assomando, assim, à tribuna.[1]

---

[1] Nota da autora espiritual: dentre os presentes ao mencionado grupo, poder-se-ia nomear alguns como sendo Manoel da Nóbrega, Manuel de Paiva, Manuel de Chaves, Diogo Jácome, Afonso Braz, Fernão Luis, Pero Correa, Cipriano do Brasil, Vicente Rodrigues, Gregório Serrão, Leonardo Nunes, Mateus Nogueira, João de Sousa, Antônio Rodrigues, Fabiano de Lucena, Gonçalo de Oliveira, Simeão Gonçalves, Leonardo do Vale, Francisco Pires, João Gonçalves, João Navarro e Gaspar Lourenço, para citar apenas alguns, muitos dos quais, dentre essa centena de servidores do Evangelho, situam-se hoje ainda de volta ao vaso físico pelas portas da reencarnação, trabalhando pela extensão do Cristianismo redivivo que a Doutrina Espírita representa.

O venerável ancião acenou com desvelado carinho para a multidão da assistência espiritual, que remontava mais de 2 milhões de indivíduos. Com sua humildade característica, desculpou-se por lá estar na direção da palavra quando reconhecia nada ter feito para a fundação da cidade. Pediu licença a seguir para destacar que o Colégio de São Paulo não teria sobrevivido não fora o valoroso concurso de três caciques tupiniquins que lá estavam.

Dirigiu-se para determinada parte da assembleia tomando pelas mãos duas entidades desencarnadas, que vim a saber serem os caciques Caioby e Tamandiba. Na sequência, dirigiu-se à figura de respeitável anciã, irmã ainda encarnada, na aparência de seus quase 90 anos, apresentando-a para todos como sendo a reencarnação do valoroso cacique Tibiriçá, que soube receber o Cristianismo no coração e pôde defender a vila nascente dos ataques de seus coirmãos indígenas.

Joseph de Anchieta passou a falar na figura de seu principal diretor no colégio nascente, pedindo a palavra para o irmão Manuel de Paiva.

Oh, amigos queridos, quanta emoção nos dominou a alma!... Aquela alma cândida nos trouxe lágrimas de profundo reconhecimento e gratidão!... Muitos de nós, espíritas-cristãos, reconhecemos nele o abnegado apóstolo da caridade que recentemente deixou, em outra existência, o vaso físico. O curioso é observarmos que essa constatação não era de todos, mas, certamente, de todos aqueles que militaram nas lides espíritas e conviveram com ele.

O venerável amigo trazia luminosa criança pelas mãos abnegadas, que mais tarde soubemos ser o retorno à vida física do Padre Manoel da Nóbrega, que nós reverenciamos como sendo nosso inesquecível benfeitor espiritual Emmanuel.

Manuel de Paiva pediu licença para orar, rogando as bênçãos de Deus em favor da coletividade brasileira, dizendo reconhecer ser apenas um servidor desvalido da obra de Jesus. Ao calor de seu coração amoroso, elevou a voz em súplica comovente ao coração magnânimo de Jesus, Nosso Senhor.

Nessa hora, as duas mil entidades que estavam em profunda concentração se levantaram de mãos dadas. O coral dos meninos voltou a cantar melodias cariciosas de espiritualidade e beleza, acompanhados pelos harpistas do Infinito. Chuvas de luzes passaram a cair sobre toda aquela assembleia assombrada. Não havia quem não chorasse de emoção e reconhecimento à bondade de Deus.

Foi nessa hora, por volta das cinco horas da manhã, que uma feérica movimentação de matéria plástica luminosa desceu dos planos da Imortalidade gloriosa.

Ah, amigos queridos! Como Jesus é bom conosco! Em meio àquela bola de luz, sabíamos que alguma entidade superior se preparava para materializar-se, e ela não se fez de rogada. Admirados todos nós, da assembleia dos milhões que assistíamos aquela reunião comemorativa, identificamos, entre lágrimas e louvores, a presença viva do apóstolo do Senhor Paulo de Tarso.

O glorioso espírito acenou com indefinível carinho e bondade, tomando, com vigoroso impulso, a condução da palavra na tribuna.

Não podemos e não saberemos reproduzir a beleza e a elevação do que o apóstolo Paulo nos deixou naquela ocasião inesquecível, mas sabemos apenas registrar que terminou a sua lúcida preleção lembrando suas próprias palavras inseridas no capítulo 13 de sua primeira epístola aos Corintíos: *"Ainda quando eu falasse todas as línguas dos homens e a língua dos próprios anjos, se eu não tiver caridade (...) nada sou!"*[2]

NENÉM ALUOTTO

Mensagem psicografada por Geraldo Lemos Neto, em reunião pública de 26 de janeiro de 2004, no Centro Espírita Luz, Amor e Caridade, em Belo Horizonte, Minas Gerais. A referida mensagem, ditada pelo espírito de Maria Philomena Aluotto Berutto (D. Neném Aluotto), relata uma reunião espiritual em 25 de janeiro de 2004, comemorativa do aniversário de fundação da cidade de São Paulo, em que aparecem as figuras de Manuel de Paiva (Chico Xavier) e do cacique Tibiriçá (Nair Machado Paschoal), informando que Emmanuel já estava na carne. [2] Nota da editora: 1 Coríntios, 13.

Leia também

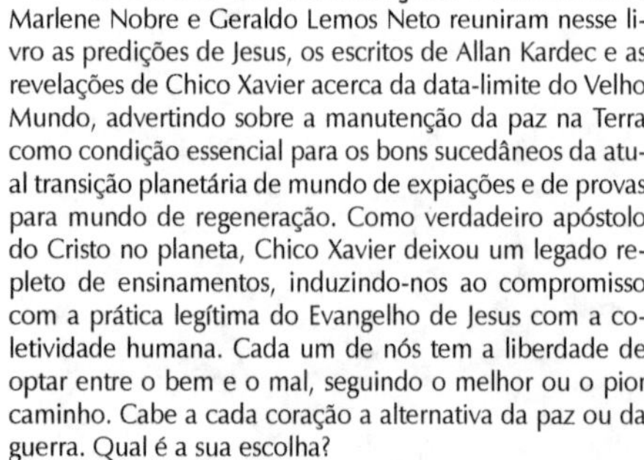

2019 —
O ÁPICE DA TRANSIÇÃO PLANETÁRIA

Marlene Nobre e Geraldo Lemos Neto reuniram nesse livro as predições de Jesus, os escritos de Allan Kardec e as revelações de Chico Xavier acerca da data-limite do Velho Mundo, advertindo sobre a manutenção da paz na Terra como condição essencial para os bons sucedâneos da atual transição planetária de mundo de expiações e de provas para mundo de regeneração. Como verdadeiro apóstolo do Cristo no planeta, Chico Xavier deixou um legado repleto de ensinamentos, induzindo-nos ao compromisso com a prática legítima do Evangelho de Jesus com a coletividade humana. Cada um de nós tem a liberdade de optar entre o bem e o mal, seguindo o melhor ou o pior caminho. Cabe a cada coração a alternativa da paz ou da guerra. Qual é a sua escolha?

MARLNE NOBRE E GERALDO LEMOS NETO

IGNÁCIO DE ANTIOQUIA

Uma viagem ao tempo da simplicidade e da pureza do Cristianismo, em sua mais bela e genuína expressão. Obra mediúnica repleta de episódios históricos do Cristianismo primitivo, que resgata para a memória da humanidade a vida e a trajetória de um dos seguidores mais valorosos de nosso Senhor Jesus Cristo.

PELO ESPÍRITO THEOPHORUS
PSICOGRAFIA DE GERALDO LEMOS NETO

SEMENTEIRA DE LUZ

Voltando à Terra no século XIX, Neio Lúcio encarna a personalidade de Arthur Joviano, cujo núcleo familiar, em missão redentora de um passado longínquo, conta com as presenças de personagens descritos nos romances *50 anos depois* e *Renúncia*. Desprendido em 1934, Neio Lúcio inicia sua comunicação com a família, através da mediunidade de Chico Xavier, em reuniões semanais de culto evangélico na casa de Rômulo Joviano, em Pedro Leopoldo | MG. As mensagens, repletas de sabedoria e amor extremado por todos aqueles com os quais conviveu, são bem a confirmação dos compromissos reparadores que assumimos na Espiritualidade, alicerçados nos ensinamentos de Jesus para nos tornarmos legítimos semeadores da Boa Nova.

PELO ESPÍRITO NEIO LÚCIO
PSICOGRAFIA DE FRANCISCO CÂNDIDO XAVIER
ORGANIZAÇÃO DE WANDA AMORIM JOVIANO

DEUS CONOSCO

Deus conosco é o livro que dá sequência às revelações espirituais inéditas da psicografia de Francisco Cândido Xavier, trazidas a lume pela prestimosa organização de Wanda Amorim Joviano, com a colaboração de Geraldo Lemos Neto. As mensagens, recebidas em sua maioria no culto doméstico do Evangelho no lar da família Joviano, nas décadas de 30 a 50, na Fazenda Modelo, em Pedro Leopoldo | MG, são de autoria de Emmanuel, o espírito responsável pela materialização da extensa bibliografia que tanto esclarecimento e consolação verteram da Vida Maior para a face da Terra, através das abnegadas mãos de Chico Xavier. Deus conosco nos traz de volta ao convívio os memoráveis discípulos do Cristo, ligados desde priscas eras, cuja missão foi a da revivescência do Cristianismo puro e simples dos tempos apostólicos, no coração humilde e generoso das terras pacíficas do Brasil.

PELO ESPÍRITO EMMANUEL
PSICOGRAFIA DE FRANCISCO CÂNDIDO XAVIER
ORGANIZAÇÃO DE WANDA AMORIM JOVIANO E
GERALDO LEMOS NETO

Militares no Além

Dentre os tesouros guardados por Wanda Amorim Joviano, MILITARES NO ALÉM, da lavra de Chico Xavier nos anos de 36 a 52, no mínimo surpreende pela atualidade das mensagens em torno da paz que a humanidade do século XXI tanto anseia. Fruto da sua ingente dedicação no desdobre das tarefas mediúnicas no culto do lar realizado durante muitos anos pelo *Grupo Doméstico Arthur Joviano*, na Fazenda Modelo, em Pedro Leopoldo | MG, esse livro relata, na perspectiva espiritual de muitos servidores da pátria, a realidade consoladora do *outro lado*, onde o trabalho pelo bem não cessa e a esperança é sentimento que inspira a vitória do amor preconizado por Jesus.

Espíritos Diversos
Psicografia de Francisco Cândido Xavier
Organização de Wanda Amorim Joviano

Iluminuras

ILUMINURAS é a primeira publicação de bolso da Vinha de Luz Editora. É composta de pensamentos e frases extraídos do livro *Deus conosco*, do venerável espírito Emmanuel, psicografado por Francisco Cândido Xavier nas décadas de 30 a 50, durante o culto cristão no lar do Dr. Rômulo Joviano, na Fazenda Modelo, em Pedro Leopoldo | MG. A riqueza dos ensinamentos evangélicos apresentados na obra fala por si só e atesta o amparo de nosso Senhor Jesus Cristo à divulgação da Doutrina Espírita, codificada pelo apóstolo Allan Kardec.

Pelo Espírito Emmanuel
Psicografia de Francisco Cândido Xavier
Organização de Cezar Carneiro de Souza

SEMENTEIRA DE PAZ

Volume que dá sequência ao roteiro de revelações espirituais do espírito Neio Lúcio, que em última romagem terrena envergou a personalidade de Arthur Joviano, pai de Dr. Rômulo Joviano, diretor da Fazenda Modelo em Pedro Leopoldo | MG, onde Chico Xavier trabalhou por largos anos. As mensagens nele contidas surgiram espontaneamente pela psicografia de Chico Xavier a partir de 1935, na residência da família Joviano, na própria Fazenda Modelo, durante o culto do Evangelho no lar do *Grupo Doméstico Arthur Joviano*, a que Chico prazerosamente se dirigia depois de findos os seus trabalhos diuturnos, dando a *Deus o que é de Deus* após dar a *César o que é de César*. Recebidas por Chico Xavier de 1946 a 1948, as mensagens de Neio Lúcio foram batizadas de SEMENTEIRA DE PAZ, sendo esse novo livro, organizado por Wanda Joviano, dedicado ao centenário de nascimento de Chico Xavier (1910-2010), o *medianeiro do amor*.

PELO ESPÍRITO NEIO LÚCIO
PSICOGRAFIA DE FRANCISCO CÂNDIDO XAVIER
ORGANIZAÇÃO DE WANDA AMORIM JOVIANO

PÉROLAS DE SABEDORIA

Compulsados do livro *Sementeira de luz*, organizado por Wanda Amorim Joviano, as frases e os textos apresentados no livro *Pérolas de sabedoria* foram coletados e reunidos por Braz José Marques com o propósito de engrandecer o aprendizado de todos nós nos estudos evangélicos do dia a dia. As pérolas da Espiritualidade — aqui incrustadas na condição de joias valiosas — são fundamentais para o esclarecimento daqueles que delas se valerem, expositores ou não da Doutrina Espírita.

PELO ESPÍRITO NEIO LÚCIO
PSICOGRAFIA DE FRANCISCO CÂNDIDO XAVIER
ORGANIZAÇÃO DE BRAZ JOSÉ MARQUES

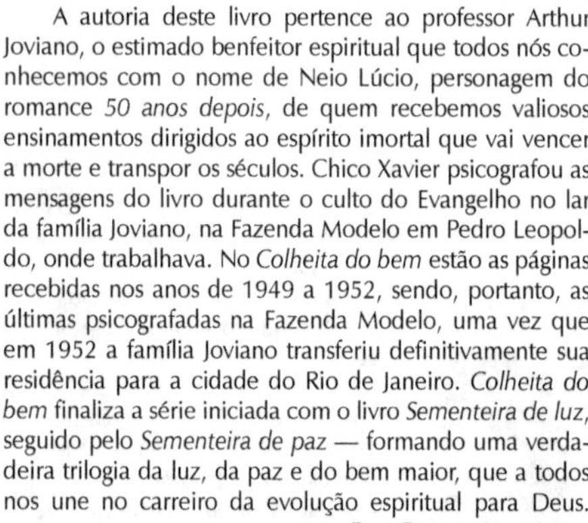

COLHEITA DO BEM

A autoria deste livro pertence ao professor Arthur Joviano, o estimado benfeitor espiritual que todos nós conhecemos com o nome de Neio Lúcio, personagem do romance *50 anos depois*, de quem recebemos valiosos ensinamentos dirigidos ao espírito imortal que vai vencer a morte e transpor os séculos. Chico Xavier psicografou as mensagens do livro durante o culto do Evangelho no lar da família Joviano, na Fazenda Modelo em Pedro Leopoldo, onde trabalhava. No *Colheita do bem* estão as páginas recebidas nos anos de 1949 a 1952, sendo, portanto, as últimas psicografadas na Fazenda Modelo, uma vez que em 1952 a família Joviano transferiu definitivamente sua residência para a cidade do Rio de Janeiro. *Colheita do bem* finaliza a série iniciada com o livro *Sementeira de luz*, seguido pelo *Sementeira de paz* — formando uma verdadeira trilogia da luz, da paz e do bem maior, que a todos nos une no carreiro da evolução espiritual para Deus.

Pelo Espírito Neio Lúcio
Psicografia de Francisco Cândido Xavier
Organização de Wanda Amorim Joviano

CHICO XAVIER — O PRIMEIRO LIVRO

Vinte anos antes de sua desencarnação, Chico Xavier revelou que sempre guardou no íntimo o desejo de publicar as belas produções mediúnicas que os amigos espirituais escreviam por seu intermédio, nos idos dos anos 20. Curiosamente, Chico confeccionava, com suas próprias mãos e com grande esforço, alguns exemplares com a finalidade de despertar os amigos para a possibilidade de um livro. Em face da pobreza material com a qual vivia, ao médium restava a esperança de que algum desses amigos se interessasse pelo tema e, talvez, movimentasse os recursos necessários para uma publicação. De suas primeiras produções manuais, contendo, inclusive, a sua sensibilidade artística no desenho e na ilustração das mensagens, Chico conseguiu guardar durante toda a sua vida um único exemplar, que ao final de sua existência terrena entregou ao seu sobrinho-neto, Sérgio Luiz Ferreira Gonçalves, que no-lo apresentou para a devida divulgação. Esse é então, de fato e de direito, o primeiro livro de Chico Xavier, que a Vinha de Luz Editora da Casa de Chico Xavier de Pedro Leopoldo trouxe a lume, com a alegria de presentear o amado amigo Chico com a edição de seu *primeiro livro* no ano de 2010, ano de seu centenário de nascimento.

Espíritos Diversos
Psicografia de Francisco Cândido Xavier
Organização de Geraldo Lemos Neto e
Sérgio Luiz Ferreira Gonçalves

Luz na Escola — Chico Xavier na Escola Jesus Cristo de Campos | RJ

Esse é um livro de Francisco Cândido Xavier, com mensagens psicografadas por ele durante visita de quatro dias à Escola Jesus Cristo, em Campos | RJ, em 1940. Contém comentários de seu organizador, Clóvis Tavares, testemunha ocular de todos os fenômenos ali ocorridos. Os textos desse volume representam uma reedição da sua primeira, pequena, única e esgotada edição, feita também em 1940, publicação de caráter doméstico da Escola Jesus Cristo, agora reeditada pela Vinha de Luz, que desempenha hoje um papel ímpar no resgate histórico da produção mediúnica de Chico Xavier.

Espíritos Diversos
Psicografia de Francisco Cândido Xavier
Organização de Clóvis Tavares e Flávio Mussa Tavare

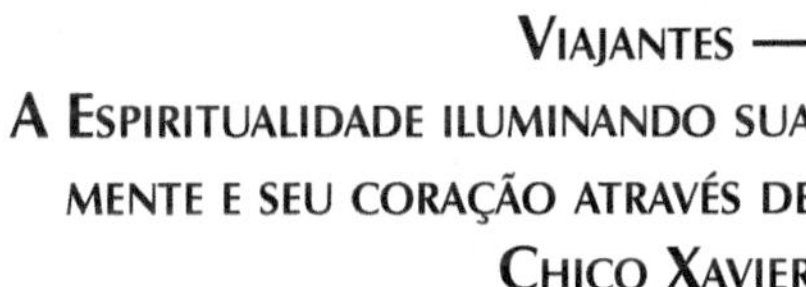

Viajantes — A Espiritualidade iluminando sua mente e seu coração através de Chico Xavier

Primeiro audiolivro da Vinha de Luz Editora, que reúne 20 mensagens de espíritos diversos, psicografadas por Chico Xavier ao longo de seus 75 anos de labor mediúnico. Com um sugestivo título-tema e trilha sonora de rara beleza, VIAJANTES, organizado e interpretado por Fernando Peron, é um incentivo ao estudo sério e aprofundado de tão extraordinário patrimônio filosófico, científico e religioso legado a nós pelas mãos operosas e abençoadas de Chico Xavier.

Espíritos Diversos
Psicografia de Francisco Cândido Xavier
Organização e interpretação de Fernando Peron

LIÇÕES PARA ANGELITA

Quando Chico Xavier tinha apenas 20 anos, dois personagens importantes surgiram para marcar a sua vida: a menina Angelita e sua mãe extremosa. Esse livro contém vinte mensagens repletas de ensinamentos preciosos, repassados de mãe para filha a partir do dia a dia que ambas vivenciam, e também das perguntas que a menina faz sobre os mais diversos temas acerca da existência. São lições para todas as pessoas. A receita segura para a construção do homem de bem – meta que todos nós devemos buscar.

PELO ESPÍRITO JOÃO DE DEUS
PSICOGRAFIA DE FRANCISCO CÂNDIDO XAVIER
ORGANIZAÇÃO DE JOÃO MARCOS WEGUELIN

CHICO XAVIER —
A AURORA DE UMA VIDA
ENTRE O CÉU E A TERRA

As mensagens aqui apresentadas foram psicografadas por Chico Xavier e publicadas no jornal espírita *Aurora*, dirigido por Inácio Bittencourt, entre julho de 1928 e abril de 1933. Nesses primeiros anos, Chico era ainda muito jovem, não sabia quem eram os espíritos que se comunicavam por meio dele, e era praticamente desconhecido fora das terras mineiras. A lucidez do jovem Chico Xavier ao comentar, ele mesmo, alguns trechos doutrinários sobre os postulados espíritas surpreende e seja em verso ou em prosa, sobre os mais variados temas, o leitor encontrará nesse livro preciosas lições de vida, ora nos ensinando a aceitar e a bendizer o sofrimento e as provas diárias, ora nos ensinando a viver uma vida verdadeiramente cristã e espírita, mostrando, por fim, quão breve é a existência terrena perante a eternidade do tempo.

ESPÍRITOS DIVERSOS
PSICOGRAFIA DE FRANCISCO CÂNDIDO XAVIER
ORGANIZAÇÃO DE JOÃO MARCOS WEGUELIN

DEPOIS DA TRAVESSIA

Mais um volume da psicografia inédita de Chico Xavier, por espíritos diversos. A sua primeira parte é originária da fase do médium em Pedro Leopoldo, na Fazenda Modelo, na qual, após o serviço, frequentou o culto do Evangelho no lar do *Grupo Doméstico Arthur Joviano*, levado a efeito, semanalmente, pela família de Dr. Rômulo Joviano. Já a segunda parte é fruto da última fase da psicografia do médium em Uberaba, onde, nas sessões públicas do Grupo Espírita da Prece, recebeu o espírito da irmã, D. Luiza Xavier, em diversas oportunidades, a partir de 13 de julho de 1985. Permeando as comoventes mensagens desses espíritos sobre a própria sobrevivência além-túmulo, há fac-símiles de mensagens de Emmanuel e de Bezerra de Menezes, fotografias e escritos inéditos de Chico Xavier ilustrando as épocas e as personalidades citadas. A obra é, pois, instrutivo volume contendo valiosas informações sobre a vida espiritual depois da travessia dos umbrais da morte do corpo físico, a induzir-nos o espírito distraído no mundo a uma mais ampla reflexão sobre a imortalidade, patenteando-se-nos a real significação das palavras de Jesus, nosso Senhor e Mestre: "A cada um será dado segundo as próprias obras".

ESPÍRITOS DIVERSOS
PSICOGRAFIA DE FRANCISCO CÂNDIDO XAVIER
ORGANIZAÇÃO DE GERALDO LEMOS NETO E
WANDA AMORIM JOVIANO

MILITARES COM JESUS

As lições deste livro são de autoria de respeitáveis espíritos que passaram pela Terra na difícil experiência como militares. Portadores de grandes responsabilidades no dever, na disciplina, sobretudo integrados na justiça, propugnam, com amor, pela paz e pela felicidade dos povos, e do Brasil como pátria do Evangelho de nosso Senhor Jesus Cristo. São fragmentos extraídos do livro *Militares no Além*, psicografado por Francisco Cândido Xavier no período de 1936 a 1952 em Pedro Leopoldo, Minas Gerais, selecionados e organizados no presente volume como valiosos ensinamentos dos benfeitores da Vida Maior.

ESPÍRITOS DIVERSOS
PSICOGRAFIA DE FRANCISCO CÂNDIDO XAVIER
ORGANIZAÇÃO DE CEZAR CARNEIRO DE SOUZA

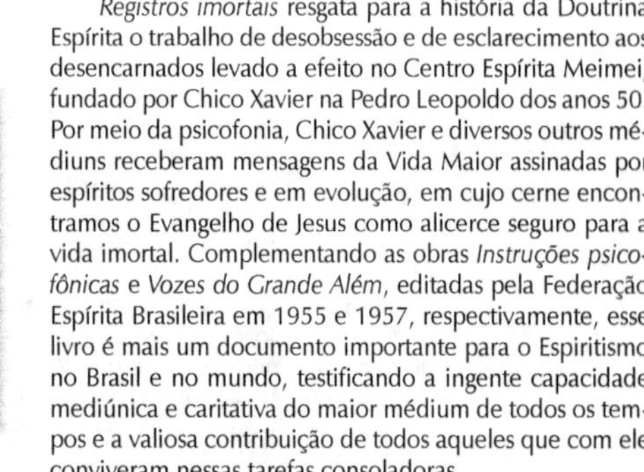

REGISTROS IMORTAIS

Registros imortais resgata para a história da Doutrina Espírita o trabalho de desobsessão e de esclarecimento aos desencarnados levado a efeito no Centro Espírita Meimei, fundado por Chico Xavier na Pedro Leopoldo dos anos 50. Por meio da psicofonia, Chico Xavier e diversos outros médiuns receberam mensagens da Vida Maior assinadas por espíritos sofredores e em evolução, em cujo cerne encontramos o Evangelho de Jesus como alicerce seguro para a vida imortal. Complementando as obras *Instruções psicofônicas* e *Vozes do Grande Além*, editadas pela Federação Espírita Brasileira em 1955 e 1957, respectivamente, esse livro é mais um documento importante para o Espiritismo no Brasil e no mundo, testificando a ingente capacidade mediúnica e caritativa do maior médium de todos os tempos e a valiosa contribuição de todos aqueles que com ele conviveram nessas tarefas consoladoras.

ESPÍRITOS DIVERSOS
PSICOFONIA DE FRANCISCO CÂNDIDO XAVIER
ORGANIZAÇÃO DE EUGÊNIO EUSTÁQUIO DOS SANTOS

OBRAS DA FÉ

A Vinha de Luz tem como missão maior a publicação e a divulgação de obras inéditas da lavra mediúnica de Francisco Cândido Xavier. Esse lançamento comemora seus 10 anos de trabalho e traz para o leitor uma seleção de mensagens de espíritos diversos, psicografadas pelo maior médium de todos os tempos, publicadas em 14 livros lançados por ela na última década. São mensagens de bênçãos. Uma obra de fé, que testifica a grandeza do compromisso para com a Doutrina dos Espíritos e para com o Evangelho do Cristo, respondendo ao chamado da tarefa abençoada com o livro espírita e com a preservação e a difusão da vida e da obra de Chico Xavier no Brasil e no mundo.

ESPÍRITOS DIVERSOS
PSICOGRAFIA DE FRANCISCO CÂNDIDO XAVIER
ORGANIZAÇÃO DE JOÃO MARCOS WEGUELIN

Palavras sublimes

A partir de 1930, a história de Chico Xavier começou a ser contada pelas páginas de *Reformador*, a mais antiga publicação voltada para a divulgação do Espiritismo no Brasil. Esse livro traz mensagens de Chico Xavier localizadas em suas edições de 1933 a 1950, psicografias assinadas por espíritos de vulto, como Emmanuel, Humberto de Campos, Bittencourt Sampaio, Abel Gomes, dentre outros, sendo este mais um título da bibliografia do médium mineiro que a Vinha de Luz Editora traz a lume, com a organização do jornalista João Marcos Weguelin, para a preservação da vida e da obra do maior brasileiro de todos os tempos.

Espíritos Diversos
Psicografia de Francisco Cândido Xavier
Organização de João Marcos Weguelin

A saudade é o metro do amor

Apresentação das seis comunicações mediúnicas de Clóvis Tavares por meio de Chico Xavier, com quem mantinha uma relação de amizade que não pode ser medida pelos padrões humanos. Na intimidade do lar, Clóvis sempre declarou que só se comunicaria mediunicamente através de Chico. Sua família manteve a fidelidade de sua amizade e reconhece nas cartas espirituais a integridade de sua personalidade. Que a obra possa transmitir a você, leitor, o valor doutrinário dessas comunicações, que não se resumem a cartas domésticas, mas a diretrizes para a vida.

Pelo Espírito Clóvis Tavares
Psicografia de Francisco Cândido Xavier
Organização de Flávio Mussa Tavares

CARTAS DO ALTO

A obra contempla, e complementa, o que há de melhor na psicografia de Chico Xavier. Aqui estão o seu benfeitor Emmanuel e os amigos espirituais que o acompanharam ao longo de décadas. Entre os poetas, Augusto dos Anjos, Cruz e Souza, Olavo Bilac, Castro Alves, e muitos outros deixaram seus versos. Não faltaram as prosas elucidativas e instigantes de André Luiz e de Irmão X, além de textos doutrinários de Bezerra de Menezes, Bittencourt Sampaio e Eurípedes Barsanulfo, num compêndio de conteúdo para profundos estudos, que proporcionarão valioso aprendizado e oportunas reflexões. Esse trabalho é, para a Vinha de Luz Editora, uma conquista bastante significativa, pois encerra um ciclo de pesquisas em *Reformador*, a revista espírita mais antiga em circulação no país e no mundo. E estimula o empenho e a responsabilidade de continuar buscando em dezenas de outras publicações as mensagens que o maior médium de todos os tempos espalhou por toda a imprensa em 75 anos de tarefa psicográfica e também por todos os lugares por onde passou.

ESPÍRITOS DIVERSOS
PSICOGRAFIA DE FRANCISCO CÂNDIDO XAVIER
ORGANIZAÇÃO DE JOÃO MARCOS WEGUELIN

INSTRUÇÕES PARA A VIDA

As lições deste livro são de autoria de respeitáveis espíritos que passaram pela Terra na difícil experiência como militares. Portadores de grandes responsabilidades no dever, na disciplina, sobretudo integrados na justiça, propugnam, com amor, pela paz e pela felicidade dos povos, e do Brasil como pátria do Evangelho de nosso Senhor Jesus Cristo. São fragmentos extraídos do livro *Militares no Além*, psicografado por Francisco Cândido Xavier no período de 1936 a 1952 em Pedro Leopoldo, Minas Gerais, selecionados e organizados no presente volume como valiosos ensinamentos dos benfeitores da Vida Maior.

ESPÍRITOS DIVERSOS
PSICOGRAFIA DE FRANCISCO CÂNDIDO XAVIER
ORGANIZAÇÃO DE CEZAR CARNEIRO DE SOUZA

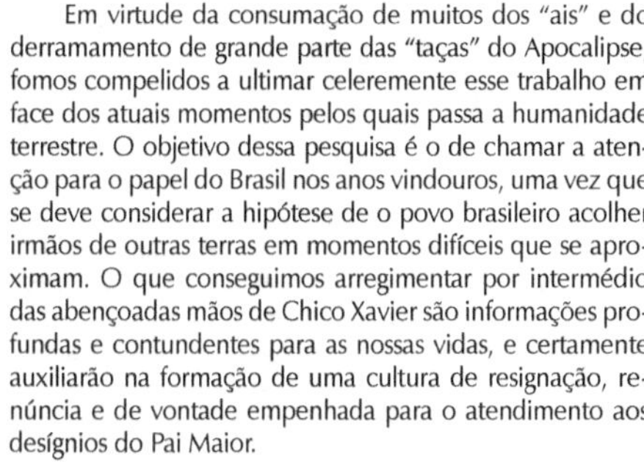

Apocalipse segundo o Espiritismo – Uma proposta de estudo

Em virtude da consumação de muitos dos "ais" e do derramamento de grande parte das "taças" do Apocalipse, fomos compelidos a ultimar celeremente esse trabalho em face dos atuais momentos pelos quais passa a humanidade terrestre. O objetivo dessa pesquisa é o de chamar a atenção para o papel do Brasil nos anos vindouros, uma vez que se deve considerar a hipótese de o povo brasileiro acolher irmãos de outras terras em momentos difíceis que se aproximam. O que conseguimos arregimentar por intermédio das abençoadas mãos de Chico Xavier são informações profundas e contundentes para as nossas vidas, e certamente auxiliarão na formação de uma cultura de resignação, renúncia e de vontade empenhada para o atendimento aos desígnios do Pai Maior.

MARCO PAULO DENUCCI DI SPIRITO

Chiquito

CHIQUITO, da autora portuguesa Julieta Marques, conta um pouco da vida de Chico Xavier em linguagem acessível e direta, num convite ao amor, à humildade e à disciplina exemplificados pelo *médium do século*. Totalmente ilustrado, CHIQUITO é o segundo título da Vinha de Luz Editora voltado à evangelização infantil, que atende, sem dúvida alguma, às *crianças de todas as idades*.

JULIETA MARQUES

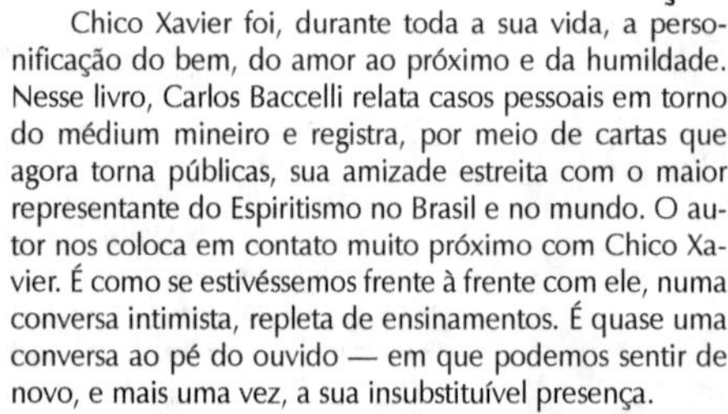

Chico Xavier —
O médium dos pés descalços

Chico Xavier foi, durante toda a sua vida, a personificação do bem, do amor ao próximo e da humildade. Nesse livro, Carlos Baccelli relata casos pessoais em torno do médium mineiro e registra, por meio de cartas que agora torna públicas, sua amizade estreita com o maior representante do Espiritismo no Brasil e no mundo. O autor nos coloca em contato muito próximo com Chico Xavier. É como se estivéssemos frente à frente com ele, numa conversa intimista, repleta de ensinamentos. É quase uma conversa ao pé do ouvido — em que podemos sentir de novo, e mais uma vez, a sua insubstituível presença.

CARLOS ANTÔNIO BACCELLI

Chico Xavier com você

Chico, mais que médium, era sábio. Em seus lábios, tanto ecoavam lições dos espíritos amigos quanto ensinamentos de sua própria autoria. Aqui, nessas páginas, garimpando em obras, revistas e periódicos antigos, o autor organizou uma coleção de pérolas que, sem dúvida alguma, não figuram em nenhuma outra coleção do mundo. Por isso, certamente, com esse abençoado livro você estará de posse de um tesouro de valor incalculável. Um tesouro que fará de você uma das pessoas mais ricas entre todos os homens!

CARLOS A. BACCELLI

O voo da garça —
Chico Xavier em Pedro Leopoldo | 1910-1959

Esse trabalho histórico, do pesquisador pedroleopoldense Jhon Harley, que conviveu por 21 anos com Chico Xavier, é mais uma contribuição para compreender a figura humana do médium mineiro. Utilizando instrumentos e orientações do campo da História, principalmente no que diz respeito ao uso e à interpretação das fontes orais, escritas e iconográficas disponíveis, o autor transitou entre o acadêmico e o poético, fazendo uma analogia entre uma revoada de garças, ocorrida em 2 de abril de 1910, e a permanência de uma delas entre nós.

Jhon Harley

Nas trilhas da garça —
Chico Xavier nas Minas Gerais

Dando continuidade ao seu trabalho de pesquisador, o pedroleopoldense Jhon Harley, utilizando instrumentos e orientações do campo da História, identificou algumas das "trilhas" percorridas por Chico Xavier nas Minas Gerais, principalmente em Uberaba. Mesmo tendo asas, essa "garça", vivendo a sua humanidade, manteve-se com os pés no chão, de bem com a vida, com os homens e consigo mesma. Para o autor, na perspectiva histórica em que a pesquisa se desenvolve, não é um simples gesto que transforma a sociedade em que vivemos, mas a coerência entre o falar e o agir de uma pessoa, associada ao seu poder de mobilização, é que gera uma ação coletiva de proporções inimagináveis. Chico Xavier foi uma dessas pessoas transformadoras. Por isso destaca, parafraseando o biógrafo uberabense Carlos Baccelli, que Chico não foi um anjo exercendo o papel de um homem, mas um homem, do mundo e no mundo, exercendo o papel de um anjo.

Jhon Harley

Réstia de luz

Primeiro livro editado pela Vinha de Luz Editora, lançado por ocasião do bicentenário de Allan Kardec (1804│2004) e dos 140 anos da primeira edição de O Evangelho Segundo o Espiritismo (1864│2004). Traz mensagens recebidas de espíritos diversos, psicografadas pelo médium Geraldo Lemos Neto, que interpretam as lições de O Evangelho Segundo o Espiritismo, nos indicando os caminhos mais certos da vida no permanente convite de nosso Mestre e Senhor Jesus.

Espíritos diversos
Geraldo Lemos Neto

Pedro Leopoldo vista por Chico Xavier — 1910 │ 1959
49 anos da presença do maior médium de todos os tempos

O que o menino, o jovem e o adulto Chico Xavier vislumbrou em seus primeiros anos de experiências humanas e durante o desabrochar de suas faculdades mediúnicas a serviço do Cristo e da Doutrina dos Espíritos? O que teria o seu cândido olhar registrado pela retina da convivência e da saudade? Esse livro reúne extenso material inédito sobre o maior médium de todos os tempos, com fotografias e documentos recuperados, classificados e arquivados pelo memorialista pedroleopoldense Geraldo Leão, do Arquivo Geraldo Leão, e por Geraldo Lemos Neto, da Casa de Chico Xavier, que retratam principalmente o ambiente socioeconômico e cultural de Pedro Leopoldo dentro do período em que Chico Xavier lá residiu, desde o berço, em 1910, até a sua mudança definitiva para Uberaba, em 1959.

Geraldo Leão e Geraldo Lemos Neto

Célia Lucius, Santa Marina — Semelhanças entre as biografias católicas e o romance *50 anos depois* de Francisco Cândido Xavier e Emmanuel

CÉLIA LUCIUS, SANTA MARINA é a revivescência da vida daquela que Chico Xavier | Emmanuel descreveram no romance *50 anos depois* como *"o lírio que nasceu do lodo das paixões do mundo para perfumar a noite da vida terrestre"* e que a igreja católica canonizou no século V. Aqui, por meio do minucioso e irrefutável estudo biográfico realizado por Flávio Mussa Tavares, filho do saudoso Clóvis Tavares, de Campos | RJ, o leitor se deparará com diversos relatos sobre Célia, confirmando a veracidade da narrativa do médium mineiro nos idos dos anos 40, tal qual previra Emmanuel no prefácio da obra referenciada. Para os espíritas, a consolidação da interexistência de Chico no desdobramento do labor mediúnico a benefício da difusão da Doutrina e sua prática evangelizadora, exemplificando o amor e a humildade legitimamente cristãos. Para os demais, uma reflexão sobre as lutas transitórias da vida física e a realidade além-túmulo — a verdadeira vida de todos nós.

FLÁVIO MUSSA TAVARES

Evangelho puro, puro Evangelho — Na direção do Infinito

Seguidor inconteste da Boa Nova do Cristo, e espírita em sua mais pura essência filosófica, Martins Peralva deixou para os estudiosos da Doutrina textos de iluminada sabedoria e reflexão, que foram reunidos no livro *Evangelho puro, puro Evangelho — Na direção do Infinito*, organizado por Basílio Peralva, e que a Vinha de Luz Editora trouxe a lume numa homenagem ao centenário de nascimento do *médium do século*, Francisco Cândido Xavier (1910|2010). A obra, que congrega artigos publicados na imprensa de 1945 a 1999, é indispensável ao homem de boa vontade, abordando temas imprescindíveis a todos os corações que jornadeiam rumo ao progresso espiritual.

MARTINS PERALVA
ORGANIZAÇÃO DE BASÍLIO PERALVA

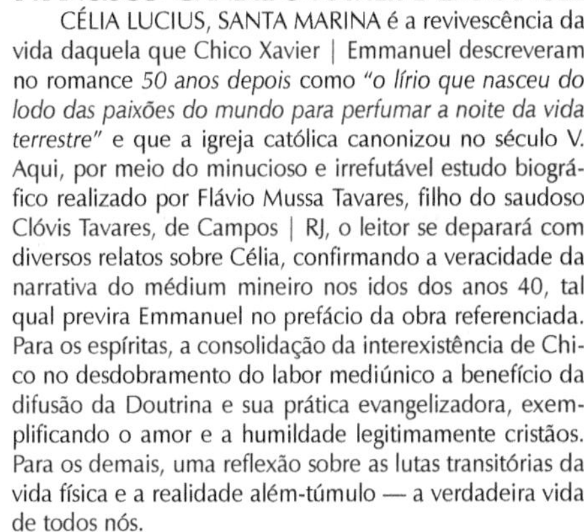

O Evangelho para Crianças Segundo o Espiritismo

Este livro é um pequeno resumo das lições ensinadas pelo nosso divino Mestre Jesus. Quem busca cultivar o Evangelho no lar abre a porta do seu lar ao Mestre, porque ele não entra em nossas casas pela janela ou forçando a entrada. O Senhor nos espera o convite do coração para entrar. Eis que ele bate à porta – eis que ele se dispõe a ajudar aos homens e mulheres de boa vontade.

Erik Pitkowsky

Era uma vez para sempre

Voltado à evangelização infanto-juvenil, esse livro é um compêndio de mensagens de graciosa narrativa, que enfeixa os ensinamentos do Cristo sob a ótica do Espiritismo, correlacionados a diversos assuntos de ordem espiritual e humana. Suas personagens principais — crianças sedentas de amor e de conhecimento — encantam pela perseverança no bem, sempre amparadas pela nobre e sábia Vovó Angel, que, como o próprio nome já diz, é um anjo do Senhor em suas vidas de aprendizado rumo à luz.

Pelo Espírito Blandina
Psicografia de Carlos Malab

A MULHER QUE REINOU COM O CORAÇÃO

Dois dias após psicografar as primeiras das milhares de páginas através das quais o mundo espiritual se comunicou por seu intermédio, Chico Xavier manteve um revelador encontro com uma ilustre senhora que lhe mudaria o curso de vida. Era D. Isabel de Aragão, mais conhecida como Rainha Santa Isabel, a célebre rainha de Portugal, para sempre associada ao milagre da transformação do pão em rosas. Embora em circunstâncias e contextos distintos, ambos experimentaram o poder, a riqueza, a fama e a adoração, contudo optaram por viver uma intensa vida interior feita de humildade, perdão, tolerância, paciência, compaixão e caridade como expressões do amor. Esse trabalho avança para além da vida de Isabel de Aragão, apresentando outras duas figuras históricas: Santa Isabel da Hungria e Isabel de Portugal, duquesa da Borgonha. Colocadas as narrativas das vidas das três personagens lado a lado, emergem repetições e similitudes, nas quais encontramos a essência da reencarnação. Obviamente, caberá a cada leitor fazer o seu juízo de valor perante os fatos, porém, no conjunto das três, verificamos como uma personalidade se desenvolve e se amplia nas ações meritórias, exemplificando-se o progresso próprio e incessante pela condição moral que apresenta, pois sendo as almas iguais pela filiação são diferentes pela consciência espiritual que revelam. Segundo testificou o próprio Chico sobre D. Isabel de Aragão, *"ela é um dos gênios espirituais protetores da raça luso-brasileira em diversas partes do mundo para que os povos luso-brasileiros conservem a fraternidade cristã que Jesus nos legou"* (Adelino da Silveira, *Chico, de Francisco*, CEU).

MARIA JOSÉ CUNHA

Departamento Editorial da Casa de Chico Xavier
Av. Álvares Cabral, 1777 — 20º andar — Sala 2006
Santo Agostinho | 30170-001 | Belo Horizonte | MG
(31) 2531-3200 | 2531-3300 | 3517-1573

www.vinhadeluz.com.br
informacoes@vinhadeluz.com.br

www.casadechicoxavier.com.br
informacoes@casadechicoxavier.com.br

www.saberespiritismo.com

Este livro foi composto em tipologia Zapf Humanist, corpo 11, predominantemente.